愛とか正義とか

手とり足とり！ 哲学・倫理学教室

平尾昌宏●著

萌書房

まえがき

1 はじめに

この本は初めて哲学・倫理学を学ぶ人たちのためのものです。「哲学」と言っても、この本で採用した方法はすべての学問の基礎になりますし、「倫理学」と言っても、取り上げたテーマは、とりわけ、教育、法、政治、経済、看護、宗教など、人間と社会に関する学問を学ぶ人にとって役立つと思います。

「入門」ですから、「哲学・倫理学」についてもう知っている人向きじゃないわけですが、でも、そういう人たちでも遠慮なく買ってもらっていいわけで、じゃんじゃん買ってもらって、読まずに置いておいてもらって、けっして古本屋なんかに売らないようにしてくだされば、それで十分グーです。もちろん読んでもらってもオッケーです。実は私もこの本を読んでみたのですが、これがなかなか面白いのです。

でも、もっとグーでオッケーなのは、哲学・倫理学をはじめ、関連するさまざまな学問を初めて学ぶ人たちがこの本を読んで、楽しんでくださることです。実は私もこの本を読んでみたのですが、これが結構面白いのです。一部を読んでも結構面白いのですが、はじめから読んでもらうともっとよく分かるように書いてあります。

タイトルを見てもらうと、しばらく前からブームだった「正義論」を取り上げています。ま、私としては私なりに見通しがあるわけですが、これは明らかに「便乗」というやつになります。

目次を見てもらうと『デスノート』(ほんとは『DEATH NOTE』ですけど、以下、カタカナにします)とか『ライアーゲーム』、『北斗の拳』、『鋼の錬金術師』とか書いてありますが、私は残念ながら全然オタクとかじゃないので、それ風の期待はしないでください(する人がいると思えないけど)。単にみなさんの気を引こうと思って入れただけです(とか言って)。

あとは「この本の使い方」を見てください。ではそゆことで、よろしく。

2 ガツン！と『ガンツ』から

ということで本文に入ろうかと思ったのですが、もう少しだけ。

私も哲学者なので、壮大な「哲学的な」ことを考えたりするんですが(ふふふ)、日常の生活のなかでもいろんなものが目に入ってくるわけで、哲学のネタはいっぱいあって、そりゃもう退屈なんかしているヒマがないくらいです。通勤の電車のなかの広告とか、テレビのドラマとかＣＭとか映画とか。

例えば、しばらく前にテレビを観ていると、『ガンツ』という映画をやってました。原作はマンガで、映画が面白かったので、原作も読んでみました。

冒頭、線路に落ちた酔っ払いを助けようとした若者二人は、自分たちが線路から上がれずに電車に轢かれてしまう……。しかし、気づくとマンションの一室にいます。他にも何人かがいて、部屋には黒い丸い玉があります。で、その玉に「てめえらの命はなくなりました。新しい命をどう使おうと私の勝手です。という理屈なわけだす」という表示が出ます。やはり自分たちは死んだらしい。

そしてその玉＝ガンツは彼らに、「星人」を退治してこいと命じるのです。わけが分かりません。よく分からないまま、人びとは現場まで転送されて、星人と戦う。そこで今度こそ本当に死んでしまう人もいるし、生き残って、また部屋に帰ってくる人もいる。帰ってくると、「かとう0てん」とか、活躍したのに応じて点数が与えられます。そして、一〇〇点たまると、特典が付いてくるというわけです。

3 「人生はゲームのようなものだ」？

たぶん（私の下手な紹介のせいもあって）、あまりにも荒唐無稽というか、ばかばかしいと思う人もいるかもしれません。でも、そこはまあ置いておいて、誰でもすぐに気づくのは、これってゲームじゃん、ということです。わけの分からない、非現実的な戦いをして、終わると点数が出る。戦いに行くとき着けるユニフォームはいかにもなものだし、持たされる武器なんかもチープな感じで、わざとマンガっぽく描かれています。ガンツの世界はゲーム的な世界なのです。

そうした視点というか関心というか、そこから見ると、「ゲーム的なもの」っていうのがわりあい多いのです。やはりマンガからドラマや映画になった『ライアーゲーム』は文字通り「ゲーム」です。主人公のバカ正直な女の子が、騙されるようにしてライアーゲーム（どんな手段を使ってもよい、だから嘘をついてもよい、というルールのもとで、お互いにお金を奪い合うゲーム）に巻き込まれます。『デスノート』でもデスノートという武器を使って、犯罪者を裁いていくわけですが、それがとてもゲーム的です。探せば他にもあると思います（『バトル・ロワイヤル』とか『カイジ』とか）。

われわれは、自分たちが現実に生きている世界はゲームなんかじゃない、と思っています。しかし、本当にそうでしょうか。「人生はゲームのようなものだ」と考えてみることだってできるんじゃないでしょうか（おお、いきなり「人生」です）。一九九一年に起こった湾岸戦争のときにも、ニュースなどで「これはまるでゲームのようだ」という言い方が見られました。

でも、このままではまともな意見とも言えません。というのは、「戦争はゲームのようなものだ」とか「人生はゲームだ」とか言うと、いや、そうじゃない、と反対する人が出てきて、いろいろと意見は出るものの、結局は「考え方の違いだね」というところで終わってしまうからです（実際、インターネット上には、「人生は神ゲー」という、コピペと呼ばれる定型文書があると学生さんに教えてもらいました。しかも、調べてみると、それに反対する「人生はクソゲー」というコピペもあったのです）。こういう答えも何もない、あれこれと主張するだけのものが、困ったことに「哲学」だと思われているようです。しかし、そうではありません。あとでも触れますが、哲学もやっぱり「答え」を出したいのです。

4　どうやって答えを出すか

例えば、「人生はゲームだ」は正しいのかどうか、難しそうだけど、答えを出したい。ではどうしたらいいか。それがこの本の内容ということになります。で、意外に思う人もいるかもしれませんけど、「人生はゲームだ」は正しいのか、正しくないのか、はっきりと答えが出ます（本文で改めて）。

他にも、『デスノート』を読んでいると、主人公のやっていることは正義なのか、と思ってしまいます。ここでも一般には意見が分かれます。でも、これも答えが出せます。ちゃんと考えれば答えは出る。考えているだけ、悩んでいるだけでも楽しいですが、答えが出せればもっと楽しい。では、「ちゃんと考える」にはどうしたらいいか。

うーん、最初だから何かもっとアピールしたいんですけど、長いわりに押し売りばかりになっても何なので、この辺でやめておきますが、つまりはこの本はそういう本なのです。

愛とか正義とか——手とり足とり！　哲学・倫理学教室＊目次

パート4　哲学のかたち：世界観を組み立てる

愛とか正義とか——手とり足とり！ 哲学・倫理学教室

序章　この本の使い方

1　この本の特徴

この本は、哲学と倫理学の両方の入門書になっています。詳しくはあとで触れますが、倫理学というのは哲学の一部です。倫理学は人間の生き方、倫理や道徳を研究します。哲学はそれ以外も広く研究します。だから、哲学の入門として倫理学的な話題を取り上げてもいいわけです。

つまりこの本は、哲学のやり方を学ぶことで哲学に入門してもらい、しかも、テーマの点では倫理学に入門してもらおうという、あぶはち取らずのすばらしいアイディアを元にして書かれています。

倫理学入門の本でよくあるのは、アリストテレス、カントといった偉い倫理学者たちの学説が紹介してあるというタイプですが、この本では、倫理や道徳の問題について自分で考えて（哲学して）いきながら、倫理学の基本を学ぶ形にしてあります。最初の部分は「哲学とは何か」を中心にしているので、倫理学だけを特に学びたい人は、その辺りを軽く流してもらって、第四章からちゃんと読んでいただいてもいいですが、はじめから読んでもらえると私がうれしいです。だいいち、倫理学も哲学ですしね。

同様に、他の哲学入門の本の場合、デカルトの哲学が、とか、ニーチェはこう言った、とかいうようなことが書いてあったりするわけですが、この本にはそうした、古典的な哲学者についての知識は全くと言ってよいほど書いてありません。書いてあるのは「哲学する」方法のようなもので、それがこの本のユニークな点です。

何でそういう風に書いたかを少し説明しておきます。

2　哲学は「する」もの

「初めて哲学を学ぶ人たち」ということで私が思い浮かべるのは、哲学を学び始めた頃の私自身です。私は確かに「哲学」を学びたくて大学に入ったものの、全く基本的な勉強をしていなかったので、授業がほとんど分かりませんでした。授業の内容が難しかったということもあるけど、それ以上に、プラトンとか、アリストテレスとか、デカルトとかカントとかヘーゲルとか、ともかく偉いらしい昔の哲学者たちについての授業ばかりで、いつまでたっても「哲学そのもの」の授業が始まる気配がなかったことが不思議だったからです。

哲学について知っている人はここであきれるんじゃないかと思うんですが、ともかく私はそう感じていたのです。でもそのうちに、どうしてそうなっているのかが、何となく分かってきました。

私は、小学生の頃には科学が好きだったものの、どうもそれでは十分だと思えなくなって哲学に興味を持ったのですが、それでも考え方が科学に影響されていたのです。科学は「客観的」であることを誇ります。「客観的」というのは、「私」なんていうのを離れて、誰にとっても正しいということを大事にします。だから、当然ながら答えは一つ（法則とか定理とか）に決まります。だから、科学は誰にとっても同じで、いわば「ザ・科学」のようなものがあるわけです。私は、そういうのと同じような「ザ・哲学」のようなものがあると思い込んでいたらしいのです。

ところが哲学の場合、誰にとっても同じ「ザ・哲学」なんていうのはありません。あるのは、「プラトンの哲学」とか「ヘーゲルの哲学」とか、いろんな人たちが作った哲学なのです。だから、「哲学そのもの」の授業なんて、いくら待っていても始まるはずもなかったし、学校で学ぶのは、当然のように偉い哲学者の哲学だったわけです。でも、彼らも自分で哲学した結果として偉大な哲学を作ったので、つまり、すごい哲学ができるためには、彼らが「哲学する」ことが必要だったわけで、だから何が言いたいかと言うと、つまり、本当に大事なのは、「自分で哲学する」ことです。昔の哲学者たちの哲学を学ぶのは、そのためのサンプルとしてなのです。

3　哲学は「私がする」もの

確かにプラトンの哲学は、哲学の長い歴史の上で最も重要なものですし、デカルトとかヘーゲルとかカントとか、すごい哲学はたくさんあります。それらを学ぶことにはとても大きな意味があります。でも（あえて言えば）、それはしょせん他人が哲学した結果にすぎません。哲学はプラトンやデカルトが哲学すればそれでよい、でき上がった「哲学」があればそれで十分、といったものではありません。だいいち、それだけじゃあもったいないです。

この辺が科学と違うところです。科学の場合、何も「この私」が研究しなくても、成り立つと言えば成り立つ。しかし、哲学は誰がやるかがすごく大事で、それどころか、私たち一人一人が哲学しなければ、哲学なんていうものはないも同然です。それでも困らないと言う人もいるかもしれません。しかし、「私」が哲学しなければ、哲学がないだけではなく、大げさに言えば、実は「私」自体が存在しないも同然です（この「問題発言」については、あとでまた取り上げます）。

ですから、入門書と言うのなら、まず伝えなければならないのは、哲学では「自分が哲学する」ことがとても大事だということです。これが伝われば、それで入門書としての役目はひとまず終わります。あとは自分で自由に哲学すればよいことになります。その段階になったとき、改めて、プラトンやヘーゲルやニーチェといった過去の哲学者たちの哲学も意味を持ってきます。プラトンはこう言っているけど、自分はそうは考えない、とか、ヘーゲルの言うこともこう考えると分かるな、とか。

4 哲学は「してよい」もの

でも、「私が哲学しなければ、実は私自体が存在しないも同然」というのはさすがに大げさな言い方でした。私は確かにみなさんを哲学（すること）にまで導きたいと思っているのですが、脅しつけて引っぱって行くというのはどうもねえ。

だから、誰もが哲学「しなければならない」、とは言いません。別に生きているだけなら哲学なんかする必要はありませんし、哲学なんかしなくても立派に生きている（生きてきた）人は大勢います。でも、「哲学なんて難しいこと、私には関係ない」と言う人がいたら、それは引き止めて話したいと思います。哲学は、はっきり言って難しくありません。難しいのは哲学者（と呼ばれる人たち）の哲学です。哲学は自分でするものなのですから、自分に合わせて、難しくなくすることもできます。もちろん、難しくすることもできますが。

さあ、これがこの本で伝えたい第二の点です。哲学は難しくありません。それは「自分がする」のですから、自分で自由にやればいいのです。そうなんです。哲学は、「学ばなければならない」とか「しなければならない」ものではなくて、「やっていい」ものなのです。この点で哲学は、音楽や芸術、スポーツに似ています。哲学も音楽もスポーツも、鑑賞するのも楽しい。私はサッカーが好きなので、メッシや香川のプレーを見ると興奮します。哲学も好きなので、プラトンやカントの本を読むと興奮します。すごく面白い！　でも、哲学は自分でやることもできるのです。

私たちがプロ・サッカー選手のようにサッカーするのは難しいかもしれません。プラトンのように哲学するのが難しいように。しかし、サッカーする人がみんなプロになるわけではありません。私も昔サッカーをやっていましたが、とても下手でしたからプロになれませんでしたし、プロになろうとも思いませんでした。しかし、それでも、イヤなこともあったけど、結構楽しかった。哲学も同じです。

5　ヘリクツとは何か

音楽やスポーツは素人でもできますが、これがないと音楽じゃないとかスポーツでない、というような基本的な枠はあります。もちろん哲学にも。それは、理屈を言う、筋を通すってことです。

例えば、「哲学は何だか理屈が多くて」と言う人がいます。それどころか、哲学の授業をしていると「哲学は結局ヘリクツじゃないか」と感想を書いてくる人もいます。哲学は屁理屈ではありません。ヘリクツというのは、「屁のような理屈」のことでしょうが（汚くてごめんなさいですが）、これには実は二種類あります。一つは、その場でしか通用しない理屈です。その場でしか通用しないような理屈、苦し紛れの理屈を使うと、それは「ヘリクツ」になる場合があります。別なときには別な理屈を持ってくると、「あれ、前に言っていたのは何？」ってことになって、ここに立派な「ヘリクツ」が誕生します。これは哲学の理屈ではありません。哲学なら、いつでも一貫していて欲しいからです。

もう一つの「ヘリクツ」は、「そんなの実際的じゃない」というやつです。現実的に考えると、それほどまでに考えなくてもものごとは進むからです。でも哲学は、ちゃんと考えて一貫させようとするからかえって「ヘリクツ」的に見えてしまう場合があるのです。でも、一貫しない、理屈に合わないことを言っていたら、誰もそんなもの信用しない。だから理屈が大事なのです。

しかし、この基本の他には、実は驚いたことに、哲学には決まったやり方がありません。ここが科学と違うところです。哲学者たちは、同じ哲学者なのに言っていることが全然違うように見えます。でも、実を言うと、そもそも、哲学するやり方そのものが違っていることが多いのです。

6　この本の使い方

科学というのは一定の決まった手続きにのっとったものです。具体的には実験や観察が命です。そのため科学は面倒ですが、その代わりに誰がやっても同じ結果が出るはずだ、という安心感があります。「科学には答えがあるけど、哲学は答えがない」と思う人がいますが、そうではありません。「科学には答えがある」のではなくて、「科学はただ一つの答えが定まるように手続きを定めてある」というのが正解です。だから「ザ・科学」ができるわけです（逆に、「科学は答えが一つに決まらないような問題を避ける」わけで、科学が避けた問題はどこに行くのかというと、これが哲学に行きます）。

ところが、哲学の場合にはそうした面倒な手続きはありませんから、もう自由にやればいい。でも、その分だけ、困ったこともあります。「じゃ、あとは自由にやってください」。そう言ってしまうと、みなさんを単に放り出すことになってしまうからです。それに、科学には答えがあるけど、哲学には正解なんかない、と思ってしまう人も出てしまいます（この点は第三章で取り上げます）。なので、ここでは少しおせっかいですが、哲学するやり方の見本を挙げておこうと思ったのです。この通りやればすぐに立派な哲学ができる、とは言いませんし、これ以外はダメ、とも言いません。しかし、こんな風にやってみたらある程度の考えが組み立てられるかもしれない、と思います。実際、私はこの方法で授業をやっていますが、そうすると、かなりできるようになるんですよ、哲学が。

この本では、正義や愛の問題が取り上げてはありますが、これは倫理学も同時に学んでもらおうと思ったからなので、哲学を学ぶという観点だけから言えば、他のものでもよかったのです。それらはあくまで「哲学する方法」を示すためのサンプルだからです。だから、自分でもテーマを見つけて、自分で哲学してもらう、それがこの本の正しい使い方です。

では、始めましょう。

7　最後の注意書き

いや、しかしその前に一言。ここまで読んだ人は分かると思いますが、この本は書き方が結構ゆるいです。その理由の一つは、専門用語をほとんど使っていないからです。その方が敷居が低くて、大枠が分かりやすいと思ったのです。でも、専門用語は省略的な書き方ができて便利だし、議論を詰めていくのにも役立つ。だからこの本は議論が詰められていなくて（私も正直ですね）、穴ぼこがあちこちに空いていて（迷宮《ダンジョン》のように、その穴が別な場所に繋がっている場合もあり）、その上に結構くどい。でもそれは専門用語を使わないで、大事なところを丁寧に説明しようとした結果ということでかんべんしてください。

世の中には哲学について「簡単に」説明してある本がいっぱいあります。でも、哲学について簡単に分かってそれでどうなるのかというと、残念！　それが何にもならないのです。簡単に、効率よく、というのは、目的が決まっている場合にはとても大事になります。でも、哲学というのは「自分でする」ものでした。目的だって「自分で考えて決める」べきものです。だから、「目的地はここです、だからそこまで効率よく行きましょうね」というような「哲学についての簡単な説明」というのはあってもそんなに意味はないのです。それは、「哲学とはこんなものです、あなたには関係ないです」と言っているのと同じじゃないかと、私には思われるのです。

なので、少し気長に読んでもらえたら、と思います。私は「大人になれば分かる」というごまかしはしたくなかったのです。だってそれは、「理解できないのはお前が悪い」と言ってるのと同じで、無責任だと思ったからです。かといって、「こんなに簡単なんですよ」という嘘もつきたくなかった。我ながらやっかいですが。

というわけで、今度こそ始めましょう！

【コラム1：マンガやアニメで哲学する？】

この本では『デスノート』をはじめとして、マンガやアニメからいくつか素材を取りました。

この手のフィクション・作り話で「哲学する」ということになると、身近でいい、と思う人がいる一方で、そんなの真面目に考えられない、と言う人が出てくるかもしれません。特に『デスノート』は死神なんていうのが出てきますから、それだけでもう受け付けない人もいるでしょう。

でも、ちゃんと作ったお話なら、フィクションであっても十分に哲学できます。フィクションにも設定が必要で、しかも（どんな設定をするかは作者の自由ですが）作者はいったん設定を決めたら、それに従って物語を作らなければなりません。そうなるとフィクションは、一つの「世界」を作ることになります。つまり、物語の設定はその世界の基本のルールというか、原理のようなものです。哲学はもちろん現実の世界の原理をとらえようとするわけですが、フィクションについて考えることはその練習になります。「思考実験」というやつです。科学と違って哲学は実験ができないので、頭のなかで実験してみる、シミュレーションしてみるのです。

でも、理屈で考えていったら話が面白くないじゃん、と言う人もいるかもしれません。でも、それはご安心を。マンガやアニメを見ているときには楽しんだらいいので、そのあとであれこれ考えると、二度楽しめます。映画の『デスノート』を見ているとき、私は単純にハラハラドキドキしました。で、いったん哲学したあと、原作も読んでみましたが、やっぱり面白かったです。

パート1

哲学とか倫理学とか

第一章　はじめに愛があった？

＊最初はやはり、「哲学とは何か」について少しお話しておきます。

1　「哲学」という名前

哲学のイメージっていうと、「堅い」、「難しそう」と言う人が多いんですが、これも「哲学」っていう名前というか、音というか、そういうものからくるんだろうと思います。金属の「鉄」を思い浮かべたりとか。だからここではまず、「哲学」っていう名前の話です。

「哲」っていう字は、「さとし」というように、人の名前にも使われたりします。意味は「さとい」、つまりは「賢い」。じゃあ、哲学って「かしこさの学」？　でも、これだけじゃあ、確かに何のことか分からない。だから、この質問をした人は自信を持って欲しいのですが、「哲学って何？」という疑問を持つというのは当然のことです。

どんな入門書にも書いてあることだから、ここで改めて言うのも何だかなあという気はしますが、「哲学」っていうのは翻訳語で、その元は、英語ではフィロソフィーだし、ドイツ語ではフィロゾフィー、他のヨーロッパ語でもだいたい似たようなものです。で、これはギリシャ語の「ピロソピア」という言葉からきたものですが、これ、「ピロ」と「ソピア」の合成語です。これで哲学の誕生日もおよそ見当がつきます。何年何月とは言えませんが、ともかく古代ギリシャで生まれました。おぎゃあ。

「ピロ」は「愛する、求める」という意味の動詞で、「ソピア」は「知恵」のことです。つまりは、哲学っていうのは、「知恵を求める・知を愛する」ってことで、もっとくだいて言うと、単純に「知りたい！」っていうことです。それだけ？　うん、それだけ。

哲学の授業で愛の問題を扱ったりすると、「哲学で『愛』なんて話題が出るとは思いませんでした」とか言ってくる学生さんがいるのですが、それどころか、哲学にとっては、愛こそが始まりなわけです。みなさんも経験あるんじゃないですか、恋するともう世界が違って見える。世界中のすべてが彼・彼女に関わりあるもののように思える。それと同じで、ある事柄、ある概念に取り憑かれる、するとそこから世界のすべて、森羅万象が違って見えてくる。これが哲学という愛の形なのです。

2　「哲学」というキラキラネーム？

さて、このピロソピア、フィロソフィー、これを日本語にした人は、西周（にしあまね、と読みます）

という江戸から明治にかけての人ですが、ヨーロッパの学問を勉強して、最初は「フィロソフィー」って言っても何だかよく分かんないし、ってことで、ひらがなで「ひろそひ」って書いてます。

でも、何だかこいつは大事らしいぞ、っていうので調べていって、元は「知恵を愛する」ってことなのが分かって、だったらっていうんで、「愛知学」っていう訳語も作った。他に「希哲学」っていうアイディアもあった。「希」は希望の「希」で、「こいねがう」と読んだりしますが、つまりは「求める」ってことです。「哲」は賢さでした。つまり、知恵、賢さを求めるんだから、希哲学。こいつですね、「哲学」の元は。話によると、明治時代の大学で、「希哲学」の授業名を書くときに、事務の人が「希」を書き落としたので、結果として「哲学」が残った、ということです。すごい話ですが、これが日本での哲学の不幸の始まりです。

まだ「愛知学」の方がよかったかな、とも思うのですが、「希哲学」で、しかも「希望」の「希」がなくなってしまったので、ほんとにこの名前、よく分からなくなりました。夢も希望もないような。おまけに、何だか余計なものも入ってしまいました。「学」です。もともとは「ピロソピア」で、「愛知」だけでいいのに、ってことです。「学」っていうと、何かこう、「確立した知識」みたいな印象じゃないですか。ピロソピアは「知りたい」って言ってるだけなのに。

3　哲学は何を研究しているか

でも、こういう質問が出そうです。

「語源は分かったけど、つまり哲学って何を研究してるんですか？」

そうそう。「知りたい」っていうのは分かったけど、「何を知りたいのか」が問題。

こういう問題について考えるとき、他の場合はどうだろうかと考えてみるのも一つの手です。つまり、例えば他の分野の科学の先生に、「何を研究するんですか？」と聞くだろうか、ってことです。経済学の先生に、「経済学って何を研究するんですか？」とは聞かないんじゃないかと思うんですね。聞く前に、「そりゃ、経済学だから経済の研究するんだろうな」って思うからね。

他の科学では「何とか学」の「何とか」の部分で、何をやるのかが分かるようになっているんですね。でも、哲学が「哲」を研究しているとは思えない。それはその通りで、だから「哲学って何を研究するんですか」っていう質問も出てくるわけです。だから、まあ、「哲学」っていう名前が悪い。

経済学ってのはエコノミクスですね。物理学はフィジックス。心理学はサイコロジーで、生物学はバイオロジー。エコノミクスは、ギリシャ語の「オイコス＝家」と「ノモス＝法・掟」の合成語に「クス」が付いたもので、元は「家政学」というような意味……というように、これらはみんなギリシャ語が元です。でも、ここで大事なのは、こいつらは「何をやってるか」が分かるようになっているっていうことです。語尾の「～クス」っていうのと「～ロジー」っていうのも、学問の名前に多くて、「何とか学」の「学」とか「論」とか言うのに当たります。でも、ピロソピアには、これがない。哲学は「知りたい」から出発してます。そのあとは哲学も発達しましたから、「学」みたいなもの、知識と言ってよいものも生まれました。でも、最初は「愛」です。その「愛」が削られて、「学」が付いた。だから、「哲学」っていうのは、他の科学、「何とか学」みたいに、「何とか」を研究してるんだろうな、って思ってしまう。でも、これは何というか、誤解のようなものなのです。

4　世界を丸ごと知りたい!

何でこんな誤解が生まれたのかっていうと、われわれが科学を前提にして考えているからです。経済現象を研究する経済学、物理現象を研究する物理学といったものと同じように、哲学も何かを研究するんじゃないの?　そう思ってしまいます。でも、そうじゃなくて、それはいろんな科学が発達したあとだからそう見えるだけで、もともとは「知りたい!」だけ。

でも、「それならつまりは何?」っていうことになります。何でもいいんです。ともかく「知りたい!」です。何を?　そりゃ全部知りたい。これが質問への答えです。質問:哲学って何を研究してるの?　答え:世界丸ごと。

で、何でもかんでも知りたくて、研究しているうちに、あ、ここはこうなってるんだ!　っていう発見があります。で、これはもう誰も文句なくその通りだよな、ってなったのが科学です。だから、科学を前提にして哲学について考えると誤解のようなものが生まれます。そうじゃなくて、哲学＝知りたい！　から出発して、科学＝分かった！　が生まれたんだから、哲学は科学のお母さんのようなもの。科学のなかでも、物理学なんかが先に発達しました。逆に、心理学なんかはすごく新しい科学です。これらはみんな、哲学という母親から生まれた兄弟のようなものです。

それだから、「哲学って何を研究するの？」っていう質問は、「お母さんは（自分が生んだ）科学兄弟の何番目の兄弟なの？」って聞いているようなものです。そりゃ違うだろう、っていうか、この質問自体が何を言っているのかよく分からないものだったわけです。

5　哲学は何をやってもいい？

というわけで、哲学はすべてが知りたいのですが、でも何か出発点は必要です。これはあとでも取り上げますが、世界は全部繋がっているはずで、だとすれば、どこから出発してもいい。最終的に世界全体にたどりつければいいので、出発点は何でもいいのです。

科学のように縄張りが決まっているということもないし、哲学は何を研究してもいい。なんて言うと、でも、みなさんのなかには、かなりなつわ者もいるので、少し注意しておきます。

前に、自分が関心のあるテーマについて考えてもらうという授業をやったことがあります。「私が存在しないと世界も存在しないか」とか、「愛は世界を救う、というのは本当か」とか、ベタと言えばベタな、でも、何となく哲学っぽいテーマがいろいろ出て面白かったです。

でも、なかに会社の社長をやっているという社会人学生の人が、今「奨学金」に熱心に取り組んでいるので、これで考えたい、と言うのです。哲学は何を考えてもいい、と言ってしまった手前、二人で考えていきましたが、難しそうです。でも、話をじっくり聞いていくと、この人は、自分が若い頃には貧乏で勉強できなかったので、今、若い人たちの助けになりたいと思って奨学金活動をしている、それによって、いろんなものが次の世代に受け継いでいってもらえると思う、と言うのです。だとすればこれは、社会で教育を受ける平等とか、文化や伝統の継承といったテーマに繋がりそうです。

確かに「奨学金」だけでは哲学になりにくい。でも、こうして少し考えていくと、自分にとって大事なものが何かが分かってくるのではないかと思います。これではまだ「哲学」かどうか分かりません。でも、少なくともその手がかりは得られたのです。

6　関西のうどん出汁はなぜ薄いのか？

でも、もっとつわ者もいました。「僕は関西のうどん出汁はなぜ関東の出汁より薄いのか、というのを考えたい」と言うのです。

私はさすがに、「別なテーマを考えて！」と言いました。というのは、この問題は考えるまでもなく答えが出ているからです。私も歴史は詳しくありませんが、大阪は商人の町だったのに対して、江戸は大工や職人といった汗をかく肉体労働者が多かったので、塩分補給が重要になって、だから関東の出汁は醤油で真っ黒なのだ、とか、いくつかの説明を読んだり聞いたりしたことがあります。

私はこの問題にそれほど関心がないので、本当かどうか確かめていないのですが、これは基本的に歴史と文化の問題で、調べれば分かる問題。だったら別に「哲学する」ほどでもないと思うわけです。

でも、この人は頑固で、どうしてもこの問題でやりたいというので、そのまま試験まで突入して撃沈したわけです。うーん、残念（ほんとはやり方によったら、できたかもとは思うのですが）。

でも、「調べれば分かる問題だったら、哲学の問題にならない」と言うと、最近ではこういう疑問が出るようになりました。「でも、今ならインターネットで調べれば、分からないことなんてないんじゃないですか？」。うん、そうだったらいいですね。すべての問題はすでに解決している！　実際にそうだったら世界はどんなに平和なことでしょう。

7　「問題の解決」とは何か

でも、こういう声も聞こえてきます。「さっきも何だかちゃんと答えてもらってない気がします。何だかはぐらかされただけのような気がするんですけど」。

そうかもしれませんね。さっきの質問「哲学は何を研究してるのか」への答えは、簡単に言えば「全部」ってことだったけど、それは本当ではあるけど、みなさんの知りたいことに答えてるのかって言えば、そうじゃないですね。さっきみたいに答えたとしても、「だから、語源とかは分かったけど、で、結局、哲学って何をやってるんですか？」という質問が出てきそうです。

ただ、ここは結構大事なところなので注意して欲しいんですが、質問したら必ず答えがある、っていうのは違うってことです。

じゃあ、それは答えられない質問がある、ってこと？

いや、そうじゃなくて、いや、何でも答えられるとは言いませんが、でも、質問したときに大事なのは、答えではなくて、疑問が消えるってことのはずです。さっきの質問でも、答えはあると言えばあるけど、その答えはまだ説明しないと意味がないです。何せ、「全部」なんて答えは答えになってないし。「何が知りたいの？」って聞かれて、「全部！」って元気よく答えたとしても、心意気はいいけど、お前は子どもか！ってことになりますもんね。

8 「何を？」じゃなくて「どんな風に？」

それよりもさっきの答えで大事なのは、(うまく答えられていれば) 疑問が消えたはず、ってことです。何せ「すべてを知りたい！」って言ってるわけだから、「何を」っていう質問は意味なくなってます。経済学や物理学といった科学は、「何を研究しているか」でその学問の性格が分かる。でも、哲学は「全部！」なわけなので、「何を研究しているか」では哲学の性格をとらえたことにはならない。

でも、それだけじゃ分かんないじゃん、ってことになります。だから、えー？って言われそうですが、質問の仕方を考えないといけないんです。

何をやってるの？　全部。それじゃあ、哲学ってどういう風にやってるの？

そうそう、みなさんがほんとに知りたいのは、こっちの質問への答えだったのです。

「だってさ、できるかどうか分かんないけど、んで、先生は『哲学』っていう名前がよくないとか言ってたけど、哲学ってなんかかっこいいところもあるじゃん、雰囲気だけど。だからいっちょやってみるか！とか思うんだよね。でも何やってるか分かんないと、自分でやれないじゃん。だから聞いてんだよ、哲学って何をどうやるのか？って」ってことじゃないですか、好意的に言えば。

哲学では、こんな風に、質問の答えを見つける、っていうことだけじゃなくて、質問が消える、とか、質問が別な質問へと変わる、っていうことがよくあって、これが面白いところです。で、このことを承知してないと、つまり、「質問したんだから答えてよっ！」ってばっかり思ってると、「それ、もう終わってるよ」って言われて、「えっ？」ってことになりかねませんから、気を付けてね、ということです（ということにしておきます、うひひ）。

【コラム2：『ライアーゲーム』は心理ゲームか？（心理学・哲学・倫理学）】

授業では「哲学や倫理学って心理学と同じかと思ってました」という感想がよくあります。心理学は哲学や倫理学とは違って科学の一種ですから、これは確かに誤解なのですが、ありえる誤解です。いろんな科学は哲学から独立して分かれたものでしたが（第一章4）、心理学は独立が遅かったのです（哲学者のヴントが大学に心理学の研究室を作った一九世紀の終わりが出発点）。それというのも、心は目に見えないから、それを科学的にどう扱ったらよいかがなかなか分からなかったからです。

科学の基本は実験や観察なので、心理学もその方法をとります。そのため、意外かもしれませんが、心理学は心を扱うことはできないのです。じゃあ、何を扱うか？　それは人間の行動です。行動なら実験や観察ができます。そこから心理にアプローチするのが心理学。心を扱うことができる学問は、哲学と倫理学だけです。

例えば、「嘘」を例にして哲学と倫理学と心理学のおおざっぱな違いを考えてみると、こんな風に言えます。「人間はどんな場合に嘘をつくか」は心理学、「嘘をついてもよいか」は倫理学、「嘘とは何か」が哲学の問題です。

心理学は、人間は嘘をつくという事実から出発します。だから、ライアーゲームのような状態も想定せざるをえないし、マンガ『ライアーゲーム』は心理学的な要素が強い。でも、倫理学では「嘘をつくのはよくないんじゃない？」と考えます。だったらどうしたらいいのか、を改めて考えなくてはならない。『ライアーゲーム』の主人公を助けてくれる秋山君は心理学者くずれですが、主人公の神崎直《かんざきなお》自身は倫理学の立場に立っています（特にドラマ版）。

「嘘をついてもよいと思うか？」と聞くと、「『嘘も方便』とか言うし、場合によっては嘘をついてもいいと思う」と答える人が多いですが、こういう言い方には要注意です。「方便」という言葉の元は仏教用語（典型的な使い方は『法華経』の「方便品」）で、菩薩が人間を救うために使う手段のこと。つまり、「嘘も方便」なんていうのは、凡人にはとうていできないのです。なぜか？

多くの人は「相手のためなら、嘘もいいと思います」と答えますが、これがくせ者。「相手のため」というのを決めるのは誰か？　当然、嘘をつく方でしょう。これが菩薩ならいいけど、われわれは人間です。嘘をつかれる方にとっては、それが嘘だか本当だか、向こうの都合なんだか、こっちのためなんだか区別がつかない。となると、もう相手を信用できなくなって、ライアーゲーム状態になるわけです（だからカントは、「嘘をついてはならない」というのを、絶対的な義務だと考えました）。

しかしそもそも、嘘とは何か？　「そんなもん分かりきってる、事実と違うことを言うことだ」と言う人がいますが、本当にそうですか？　例えば、私が「『ライアーゲーム』は『少年ジャンプ』で連載されていた」と思い込んでいてそう言ったとすると、それは「間違い」であって、「嘘」ではないでしょう？　でも、それを聞いている人にとっては、それが「間違い」なのか「嘘」なのか分からない。ここが嘘の難しいところ。嘘は、言う人と聞く人のどっちから見るかによって変わるのです。

こうして、「嘘」だけを考えていっても、一冊の本ができるくらい論じることはたくさんあります。

第二章　特別図解！　哲学のやり方

＊この章では、哲学のやり方を一挙大公開します。

1　哲学のやり方はいろいろ

さて、そろそろ哲学のやり方について書いておきましょう。

質問：哲学はどんな風に研究するのか？　答え：どうやってもよい。

困りました。またこんなことになってしまいました。でも、「この本の使い方」でも書きましたが、実際、哲学のやり方は哲学者ごとに違っていると言ってよいくらいで、哲学には星の数ほどのやり方があります。それらのなかから科学の方法も生まれてきたのです。


科学というと、物理学とか化学とか生物学とかの自然科学、それから経済学とか社会学とかの社会科学というように、分野はたくさんですが、基本は一つです。分野ごとに少しずつ工夫はありますが、建前上は一つ。それに対して、哲学の場合は、名前は一つしかないのに、やり方は無数にあります。例えば、現代では「分析哲学」と呼ばれるものがあって、アメリカで「哲学」と言えばこれを指すくらいに有力な哲学のやり方になっています。ただ、これには「論理」についての知識は必要で、一定の訓練が要ります。一方、現代のヨーロッパの方で有力な哲学には、「現象学」とか「解釈学」というのがあります。やり方は分析哲学とは違いますが、やはり知識と訓練が必要です。だから、この線で行くと専門家っぽくなって、この本で目指している方向と合いません。

そこでこの本では、あまり難しいことを言わずに、哲学の最低限だけを確保しておくというやり方をとることにしました。それは、「概念」を使う方法です。「概念」というのは、言葉はいかめしいですが、難しくはありません。英語では「コンセプト」、ドイツ語で「ベグリフ」とか言ってますが、これらはどっちも「手でつかむ」という動詞から生まれた言葉です。われわれが直面する現実をしっかりとつかむ。それがここでやる方法です。

2　哲学のやり方マニュアル？

さて、私としてはここのところは苦しい。というのは、哲学はいろんなやり方があるのですが、ここで紹介できるのは一つだけです（だって、一つを紹介するのにもそれなりの分量が必要になるから）。

そもそも、本当に独創的な哲学者は自分で方法自体を作り出したりするのです。それほど独創的な哲学者でなくても、自分に合った方法を使います。でも、ここで紹介できるのは一つだけ。しかも、哲学は科学とは違うから、よく言えば自由だし、哲学の方法をマニュアルのような形で示したって意味がない、という意見もありうるからです。だから、ちょっと「苦しい」わけです。

しかし、ここは哲学入門なんだと割り切って、一つの方法に絞りました。しかも、もうこうなったら思い切ってマニュアルとか図解に近い形で示してみようと思いました。だから、「特別図解！」なんて書いたのは、実はやけくそなのです。

ここでは、次のように四つの段階を設定しました。

3　第一のステップ：関心を見つける

さて、われわれを取り巻く現実の姿を、概念でとらえたい。これが目指すところです。

うーん、でも、現実なんてあいまいで、とらえどころがない。

その通りです。漠然と「現実とは何か」とか考えても哲学することはできません。でも、心配する必要はありません。自分の関心のあるもの、自分が興味のあるものから始めればいいのです。だって、哲学というのは「愛」だったわけで、自分の愛するものから始めればいいわけです。

愛でなくても、怒りでも悲しみでもいいですが、感情というのは、われわれがこの世界に生きていて、いろいろと影響されたり、刺激を受けたり、動かされた結果として生じるものです。でも、それだけなら世界に巻き込まれて、揺り動かされているだけで、不自由になってしまいます。だから、それをこっちから概念でとらえてやる。それによって自由になる。これが哲学の目指すところです。

その出発点をとりあえず「自分の関心」と呼んでおきましょう。詳しくは第三章、第五章で。

4　第二のステップ：概念を作る

うーん、でも何だか抽象的です。もっと何かこう、具体例が欲しい。そこで、この本では、残りの部分で例を挙げてあります。

でも、先に言っておくと、抽象というのは便利なのです。抽象の「抽」は「抽籤」の「抽」で、引き出すということ、そして、「象」は大事なところ。だから、抽象というのは、大事なところを引き出すということです。細かい点を取り除いて、大事なところだけを取り出したのが「概念」で、つまり概念とは、われわれがものをとらえる場合の枠組みのことです。概念は抽象的だからこそ、適用範囲が大きくなります。会社で働くときなどもコンセプト作りが大事になるのは、今までみんなが何となく従っていたものから自由になって、新しいことをやり始めるのに不可欠だからです。

何かのきっかけで関心が生まれ、そこで起こっている事柄をつかむ。つかんだら離さない。それが概念の素です。起こっている出来事から、大事なところを抜き出す。そして、概念を作る。

5 「ゲーム」の概念を作る

概念の作り方について詳しくはパート2に書いてありますが、ただ、そこでは「正義」の概念を作る、というように、わりあい大きなテーマを例にしてあるので、先に感じをつかんでもらうために、ここで、小さい例を挙げておきます。まえがきのところで出ていた「ゲーム」です。

「人生はゲームだ」、「戦争はゲームのようなものだ」。他にも「～はゲーム（のようなもの）だ」という言い方はいくつもできると思います。みなさんも考えてみてください。

でも、それらについて賛成も反対も出てきてしまう。なぜか。簡単な話で、「ゲーム」が何なのか、それについて共通の理解がないからです。みんなのなかにはそれぞれに、「ゲーム」のイメージがあって、それがバラバラなわけです。だから、意見が合わないのは当たり前で、それどころか、一見すると意見が合っているように見えてもそれは言葉の上だけで、実は考えていることが全然違っている、ということだってあるかもしれないわけです。

だから、「概念」なのです。一つにはこれで自分の考えを組み立てられる。そしてもう一つは、それを人に説明できるようになる。意見をすり合わせることもできるようになる。

6 ゲームとは何か？

でも、出発点としては、「ゲーム」と言って思い浮かぶことをどんどん挙げていけばいいと思います。

実際に授業でやってみたのですが、みんなから出てくるのはこんな感じ。

ＲＰＧ、「スーパーマリオ」、「龍が如く」、「サカつく」、シミュレーションゲーム……

ＲＰＧとシミュレーションゲームはゲームの種類、他はゲームソフトのタイトルですね。ソフトならいくらでも挙げられるわけですが、結局はソフトの名前ですねってことで一つにくくれます。では、ゲームの種類は？　そう、人生ゲーム、トランプ、すごろくとかも。他には？　そうですね、サッカーや野球の試合のことをゲームと言うし、スポーツとかもゲームの一種ですね。こうしてみると、「ゲーム」と一口に言っても、実にさまざまです。で、「人生はゲームだ」と言うとき、言われたとき、思い浮かべるのもいろいろあって、それぞれのイメージで考えてしまうから、意見も違ってきてしまう。そこで、こうしたイメージを取り除いて、大事なところだけ残してみる。これが抽象です。

では、ゲームで最も大事な点、どんなゲームにも当てはまって、逆に、それがないとゲームってものがそもそも成り立たないものは何か、これを取り出したいわけです。そうすると、案外見えてきます。

それがないとゲームってものがそもそも成り立たないもの、例えば、ルールなんてどうか。確かにスポーツなんかだと、ルールがないと成り立ちません。トランプとかもそう。でも、コンピュータゲームだとちょっと違う。ルールっていうより、操作方法とか。でも、ルールとか規則とか操作方法とかにしても、そのゲームをやるときに、できることとできないこと、してよいことといけないことが決められていなければ、それはもうゲームとは言えない。だから、これがゲームの一番大事な点なのです。

でも、次に考えなければならないのは、これだけでゲームが成り立つのか、っていうことです。そうすると、ゲームで大事なのはもう一つあります。勝ち負け？　そう、それもそうです。でも、一人でやるゲームもあって、勝ち負けというより、ハイスコアを上げるとか、ＲＰＧの場合だったら、ステージをクリアするとかになります。目的と言ってもいい場合もあるし、目標？　ともかく、終わりがあります。つまり、「こうなったら終わり」っていうのがないとゲームは成り立たないのです。

他には？　そう、ゲームをする人も必要です。プレーヤー、選手。でも、これは実際にゲームをする場合に必要になるのであって、ゲームそのものが成り立つかどうかということだけ考えると、プレーヤーはひとまず脇に除けておいてもいいでしょう。

７　「人生はゲームだ」は正しいか？

さて、「ゲーム」とは何か、つまりゲームの概念が分かりました。ゲームとは、「できることとできないこと、やっていいことといけないこと、それと、どうなったらいいのか、どこで終わるのか、という二つが決まっている、はじめから設定されているもの」です。

こうなったら話は簡単です。「人生はゲームだ」という意見が正しいかどうか判定できます。人生は「できることとできないこと、やっていいことといけないこと」が決まっているか。それは社会のルール、法律とか、道徳とかのような形でありますね。

では、「どうなったらいいのか、どこで終わるのか」は？　いや、そりゃ人生には「死」っていうのがあって、これが終わりと言えば終わりですけど、「どうなったらいいか、どうなったら終わりになるか」っていうのは、どうもなさそうです。これはいわば「人生の目的」とか「生きる意味」に当たるんだろうと思いますが、これははじめから決まっている、設定されているというわけではない。だから、人生はゲームと共通する点も少しあるけど、やっぱり違う、だって、ゲームを成り立たせる大事なものが人生にはないのだから。これが「正しい答え」です。

8　第三のステップ：概念を操作する

「人生はゲームか」については、いずれまた触れることがあるでしょう（それがどこかは……いや、ぜひ自分で探してみてください）。哲学のやり方マニュアルに戻ります。

こうしていったん概念を作れば、それを修正したり、拡張したり、あれこれと操作することができます。これが哲学の主な作業です（パート3参照）。例えば、「人生はゲームか」には答えが出ましたけど、「戦争はゲームか」と言うと？　これは微妙ですが、戦争にも国際法とかジュネーブ条約といったルールがあります。そして、戦争の目的は？　そりゃあ「勝つこと」でしょう。だとすれば、「戦争はゲームだ」ということになります。

でも、「戦争とゲームは一緒にならない。戦争はそんなに軽いものじゃない」とか、「ゲームは楽しいけど、戦争は楽しくない」とかいう意見が出てくるわけです。だとすれば、ここで「ゲームの概念」を修正することも考えてもいいかもしれませんね（今はもうやりませんけど）。

本文の第七章では関連する概念を見つけて対比します。第八章では見つかった概念が正しいかどうか検証します。第一一章以下では概念を拡張したり、展開したりします。それらを見てください。

9　第四のステップ：世界観を組み立てる

でも、ここでは少し欲張って、そうした概念というメガネを通して世界を見る、というところまで行きたい。それで一つの世界観ができます。哲学者たちは、「体系」などと言います。でも、そんなことを考えるのも、自分の関心のあるものに取り憑かれてしまったからです。前に書いたように（第一章1）、恋をしている人にとっては、世界全部が違って見えます。もちろんそれは大きな勘違いである可能性もあるわけですが、それをもっと冷静にやってみるのが哲学という愛の形なのです。

完成した哲学とまではいきませんが、パート4で考える方向を取り出したいと思います。まだまだ具体的じゃないし、実際にどうやったらいいのかよく分からない、と思う人も多いと思います。そろそろ実例に入りましょう。まず問題や関心を見つけるところから。

【概念の実例1：可能性】

折々に古典的な概念の例を紹介していきます。まずはアリストテレスの「可能性」。「可能性」なんて、今ではもうほんとに誰でも使っているものなわけですが、実はこれなんかは哲学的な概念の代表例です。そればかりか、これは私の意見ですが、たぶん、人類史上で最強の概念の一つだと思います。だって、こんなに便利に使えて、今ではもう必須で、この概念がないことが想像できないくらいに応用範囲が広くて拡張性が高くて、ともかく「使える」やつなのですから。

ギリシャ語では「デュナミス」と言います。「デュナミス」は「ダイナミック」の語源にもなってます。「デュナミス」のラテン語訳ポテンチアからは、潜在的な能力という意味の「ポテンシャル」が生まれました。ちなみに、可能性と対になる現実性は、同じくアリストテレスによる造語の「エネルゲイア」。「エネルゲイア」は「エネルギー」の語源です。

たぶん、こう言ってもうまく伝わってないんじゃないかと思ってもどかしいんですが、何がすごいかって、可能性って目に見えないんですよ。っていうか、可能性って、まだ実現していないってことだから、実は「まだない」ものなわけです。こんなのは、考えることによってしかつかめないわけです。そして、そうしたものを生み出せるのが概念の凄みなんですけど、伝わってますかね。

第三章　『デスノート』の使い方

＊この章のテーマは、「自分の関心を見つける」ということです。
これが哲学の出発点になります。

1　自分の関心を見つける

哲学では、何をどんな風にやってもいいと言いました。ただ、最低限の基準は、理屈で説明できなければならない、ってことだけだと。これほど自由なものはありません。

しかし、自由というのはやっかいで、「自由にしなさい」と言われると、逆に何もできなくなってしまう。そこでここでは、比較的身近なところから問題を見つけてみたいと思います。これはあくまでサンプルなわけですが、こんなのでいいのなら自分もできるかも、と思ってもらえればしめしめです。

実際私は、哲学の素のようなものはどこにでもあると思っています。

2　哲学に正解はあるか

でも、この章にはもう一つテーマがあって、それは「哲学に正解はあるか」です。哲学に関する先入観ですごく多いのは、「哲学に答えなんかない」とか、「哲学は答えのないことをあれこれ考える学問だ」といったものです。しかし、それは全然違います。われわれはすでにゲームの概念を作って「答え」を出したわけですしね。でも、「哲学であらゆる問題に答えが見つけられる」と言うのも言いすぎです。ですから、先に言っておくと、「哲学では答えが出せる（場合もある）」というのが正しい。実際、ちゃんと考えていくと、問題には答えが見つかります。また、答えが見つからない場合には、問題そのものが間違っていることが分かる場合もあります。そうなれば、答えが分かったのと同じことです（「哲学は何を研究しているのですか？」という問題がそうでした（第一章7））。

でも、もちろん、いつまでも解決がつかない問題があるかもしれません。それは考えてみないと分からない。当たり前。だから、はじめから「哲学に答えなんかない」と考えるのは間違った先入観で、これが一番まずい。だってそれだったら、哲学者なんて、「答えが出ない」ような問題をうねうねと考えていることだけが楽しい変態だって思われてしまうじゃないですか。

3　『デスノート』

で、いきなりですが『デスノート』です。原作はマンガだけど、テレビドラマ、アニメ、映画にもなりました。私はたまたま映画版を観て面白かったので、あとで原作も読んでみました。しかし、なかには『デスノート』なんて全く知らない人もいるかもしれませんし、ストーリー（というか設定）を簡単に書いておきましょう。

主人公は夜神月《やがみらいと》という高校生ですが、全国模試で一位を取るくらいに優秀な子です。お父さんは警察の偉い人で、本人もとても正義感が強い。しかもハンサムでスポーツもできる。ま、私などにとっては腹が立つような男の子です。が、そんな彼の運命を変えたのが一冊のノートでした。これは死神の持つノートで、そこに名前を書くと、書かれた人は死ぬというものです。死神のリュークは退屈していたので、それを人間界に落としてみる。それを拾ったのが夜神君だったのです。

このノートが本物だと分かって夜神君がやったのは、世の中の犯罪者、特にまだ捕まっていないとか罰せられていないとかの極悪人を抹殺することでした。お父さんのパソコンを通じて警察をハッキングしたりして情報を集めて、悪い奴らを次々に殺していきます。

ノートには死因も書けますが、死因を書かなかった場合は心臓マヒで死にます。人びとは、最初は気づかなかったものの、世界中で、犯罪者があまりにもたくさん心臓マヒで死ぬため、これは誰かがやっているのではないかと疑い始め、犯人のことを、殺人者＝キラーから、「キラ」という通称で呼ぶことになります。当局も動き出しますし、世界の警察を動かせるくらいに力のある名探偵、通称L（エル）が捜査に乗り出します。日本での捜査責任者になるのが夜神君のお父さんです。

夜神君には、デスノートがあります。他の人はその秘密を知りませんから、犯罪者たちを（手も触れずに）次々と殺している人間がいるのかどうかすら分かりません。捜査する方は圧倒的に不利です。しかし、夜神君は負けず嫌いなので、Lの挑発に乗ってしまい、その結果、やはり犯罪者たちを次々に殺している人物がいることがばれてしまいます。デスノートの存在はまだ人びとに知られていませんが、キラが本当にいることが分かりました。ここからLとキラ＝夜神君の戦いが始まります。

4　ルールに注目！

というわけで、物語はいよいよ面白くなるわけですが、そろそろ哲学しましょう。この物語に触れると誰でも思うことでしょうが、果たして夜神君のやっていることは正義なのか、という疑問が浮かんできます。しかし、実を言うと、私が最初に映画でこの設定を知ったとき、「面白い」と思ったのは、もう一つありました。正義の問題については、あとにとっておくことにして（第五章）、ここではもう一つの点を先に取り上げることにします。

私が面白いと思ったもう一つの点は、殺す相手を指定するための方法が「ノートに名前を書く」というものだということです。というのは、「同姓同名の場合はどうなるんだろう。複数の人が死ぬんだろうか」って思ったからです。実は私は映画を途中から見たので、最初はよく分かっていなかったのですが、もちろん知っている人は知っている通り、ノートが効力を発揮するのには、「相手の顔を思い浮かべて名前を書く」のが必要という設定になっています。デスノートには、そうしたデスノートの使い方、あるいはルールが書いてあるというのが面白いところです。この辺がゲームっぽかったわけです。

5　相手の名前と顔だけで、その人だと特定できるか？

普通、単純な物語では現実世界のあり方をそのまま借りてしまいます。でも、ＳＦやファンタジーのように、現実世界とは違うルールが設定される場合も多い。『デスノート』の場合も、死神がいて、ノートを持っていて、そのノートには一定の使い方があって……という、ありえないような設定が細かく決められています。よく考えられた作品です。だから思考実験もできるわけです。

さっき取り上げた「相手の顔を思い浮かべて名前を書くことが必要」というルールですが、この作品ではこれが効果的に生かされていて、物語は面白くなっています。抹殺しようとする相手の名前と顔を知るために夜神君はあれこれと策略を巡らせるわけです。ですが、ここが考えどころです。

われわれの関心は、『デスノート』から生まれたわけですが、ここで「哲学する」モードに切り替えてみる必要があります。そうすると、物語としてはよく考えられた面白い設定なわけですが、「哲学する」モードで考えると、実は、これはちょっと頼りないルールです。相手の名前だけで特定できるのだったらいいわけですが、同姓同名の人がいるので、それはダメ。そこで顔で特定しようというわけですが、整形した場合は？　とか、どの程度まで顔を知っていればいいのか？　といった問題がわさわさ出てきます。作者の人たちはもちろんそれを承知で、あれこれと工夫をしています。

しかし、物語から抜け出して、ここで問題だけを取り出してみましょう。これは、ちゃんとした答えを得るために必要な手順です。そうするとわれわれの考えるべき問題は、「ある一人の人を確実に示すのにはどうすればいいか」、ということになります。

6 へんくつな友人

いったん「デスノート」の物語から離れるとすれば、私が友人に頼んで、ある人に手紙を渡してもらう、という設定で考えても同じことです。問題は、「ある一人の人を確実に示すのはどうすればいいか」。この場合は、友人にその人のことを確実に伝えられればいいわけです。でも、友人は相手の人を知りません。しかも、この友人、山崎君（仮名）と言うのですが、これがユウズウのきかない男です。

「これを、田中さんに渡して欲しいんだけど」

「いいけど、田中さんて誰よ？　田中ったたっていっぱいいるじゃん」

「いや、田中俊之っていう人」

「だから、『田中俊之』ったっていっぱいいるじゃん」

その通りで、私も自分の名前をインターネットで検索したことがありますが、学生さんが講義の悪口を書いていたり（たまに褒めてあったり）、自分では記憶がないのですが、マラソンに出場していたり、サッカー部でゴールキーパーをしていたりというのが引っかかってきます。もちろん同姓同名の別人です。同姓同名は案外多いのです。だから、この友人の言うことはもっともです。そこで、相手の人の写真を見せましょう。

「だったら、この写真の人だよ」

「えー、映り悪い写真だなあ。これじゃダメ。それに、整形してたらどうするんだよ。分かんないじゃん。それに、何だよこの古いファッションは。今はじけてたら分かんねーじゃねーか」

現実的に考えると、この辺で手紙を届けてもらうのを山崎君（仮名）に頼むのをあきらめたくなります（というか、友達付き合いをやめたくなります）が、ここではもっと理屈をこねてもらいましょう。だって、繰り返し言いますが、哲学が頼りにするのは理屈だけだからです。

実際、凶悪犯の手配写真を見ていても、目の前にいる怪しい人が犯人かどうか判断はなかなかつきません。じゃあどうしたらいいか。学生さんに聞いてみると、よく出てくるのが指紋を使うことです。でも、本当に厳密に考えれば、指紋を照合したってダメです。確率的には低いですが、同じ指紋は複数ありうるからです。次によくあるのがＤＮＡは？　という意見。でも、これもダメです。同じＤＮＡの人も複数いるからです。「えー、だって、それならそういう人を連れてこいよ、普通そんな人いないだろっ」と思った人もいるかもしれませんが、それが案外簡単に見つかります。一卵性の双子がそう。

「なっ、だから言ったじゃん。もっとちゃんと伝えてくれなきゃ分かんないって」

と山崎君（以下省略しますが、あくまで仮名です）は言います。これが実際の場面なら、私も「ヘリクツ言うなっ！」とか言って、殴り掛かっているかもしれませんが、ここでやっているのは幸い哲学することです。自分の頭のなかで対話したり喧嘩したりしましょう。

確かにこの山崎君の言うことは、少しヘリクツっぽく聞こえますが、でもまっとうな理屈です。しかも、こんな難しそうな問題にも答えが出せます。さらには、その答えはびっくりするほどシンプルです。指紋とかＤＮＡとか、そんなの全然必要ないのです。

そして、一見すると実際的じゃないように見えても、こうした問題を考えていくと、現実について驚くべきことが分かります。

7　哲学には答えがある（場合もある）

というわけでその答えです。

山崎君がまだぶつぶつ言っているので、仕方ありません。私は田中俊之君のところに山崎君を連れて行って指で指して言います。

「ほら、これが田中君だよ。手紙を渡してよっ！」

山崎君は「目に前にいるんならお前が渡せ」とか言うかと思ったら、ちゃんと田中君に手紙を渡してくれました。えっ？　そうなのです。これが答えです。直接に指で指し示したら、これ以上確実なことはありません。こういうのを「直示」とか言ってますが、用語はともかく、これが答えです。答えはやっぱりあったのです。

ただ、みなさんはもっと、何と言うか、哲学っぽいというか、難しそうなというか、そういう答えを予想（期待）していたのかもしれません。だとしたらがっかりさせちゃったかもしれませんが、これは立派な答えです。

はいはい、みなさんの言いたいことは分かります。だって、それだったら「目に前にいるんならお前が渡せよ」ってことになりますもんね。でも、われわれの問題は「ある特定の人を指示するにはどうしたらいいか」っていうものだったのですから、この答えは条件に当てはまるわけです。

はいはい、静かに、ちょっと待ってください。もちろんこれは一つの答えなのですが、もう一つの答えもあります。直接指し示すっていうのは、答えになるわけですが、いつでも使えるわけではありません。その当人が目の前にいない場合には使えません。当たり前。では、そういう場合にも使えるものがあるか？　あります。名前が思い出せない人のことを言いたい場合、どうするでしょう。

「ええっと、あの、ほら、あの人だよ」

「それじゃあ、分かんないよ」

「だから、あの、ええっと、日本の最初の総理大臣だけど」

「ああ、伊藤博文？」

「そうそう」

というわけで、これが二つ目の答えです。「その人一人だけにしか当てはまらないような特徴で示す」というやり方です。これは、「その人の特徴」というだけではダメです。「メガネをかけている」、「頭が禿げている」というのは、ある種の「特徴」ですが、たくさんの人にも当てはまってしまって使えません。「その人一人にしか当てはまらない特徴」が必要です。だから、「その人一人にしか当てはまらない特徴」がない（見つからない）と使えません。でも、これなら、目の前にいない人、すでに死んでいる人も指せます。「モナリザを描いた人」と言えば、ダ・ヴィンチという名前が出てこなくてもダ・ヴィンチを示せます。こういうのを、「確定記述」と呼んでいます。

というわけで、哲学の問題に、この場合は答えを見つけられました。めでたしめでたし。

でも、繰り返すと、いつでも見つかるとは限りません。答えを見つけるためには、まずは問題をちゃんと立てなければならないのです。

【練習問題1：不確かな私たち？】

さて、「直示」や「確定記述」はみなさんが思い描いていた答えと違うかもしれませんね。警察が犯人を特定する確実なやり方のようなものを思い描いた人もあるかもしれません。だから、指紋とかＤＮＡはどうでしょう、という意見が出てくるのではないかと思います。でも、確かに警察は犯人を特定するために指紋や似顔絵や、血液型や、あれこれを使いますが、実を言うと、どれ一つとして確実なものはないのです。唯一あるのは、現行犯逮捕です。しかし、これは「直示」と同じことです。

ここから、とても大変な結論が出てきます。われわれはいろいろ個人を示す手段を持っているように思っているけれども、それらはすべて、実はとても不確かなものなのです。

さあ、困った。どうしましょう。

でもわれわれは、現実にはたいして困っていません。では、ふだんわれわれはどうしてこの困った現実に対処しているのでしょう。

練習のためにちょっと考えてみてください。

第四章　楽しい倫理学

＊この章では、倫理学はどんなものかについて、ざっと説明します。

1　ソクラテスと倫理学、教育学の誕生

さて、哲学や倫理学の授業をやっていてとても多い質問の一つが「哲学と倫理学はどう違うのですか?」です。私も両方の授業をやっていますし、代表的な哲学者は同時に倫理学者としても大事な人が多くて、両方は重なっているように見えるので、区別がつきにくいのでしょう。

実際、倫理学の起点になったのはソクラテスですが、ソクラテスと言えば代表的な哲学者でもあります。彼はそれまでの哲学者とは違って、人間に関心を持ちました。そして、人間が人間であるのは、動物のように単に生きるだけではなくて、「よく生きる」ことを目指すからだと考えました。

しかしわれわれは、確かに「よく生きたい」と思いながら、必ずしもそれがうまくいかない。なぜ

か？　それはわれわれが、「よく生きる」とは何かを知らないからだ。そうソクラテスは考えました。だから、「よく生きる」とは何かを知らなければならない。分かったらどうなる？　そりゃよい方に変われる！　ここから倫理学が始まったわけです。そして、「よい方に変われる、成長する」という点で、倫理学は教育と密接に関わります。だからソクラテスは「人類の教師」と呼ばれるのです。

2　哲学と倫理学

最初にも書きましたが、一言で言うと、倫理学は哲学の一部です。哲学は基本的には何について考えてもよかったわけですが、倫理学は特別で、何を研究するかが決まっています。それは、名前から分かる通りで当然と言えば当然ながら、倫理です。倫理を研究するから倫理学。うーん、分かりやすい。少なくとも名前だけは。

哲学は、大きく言うと「理論哲学」と「実践哲学」に分けられます。倫理学は実践哲学と同じものです。理論哲学も実践哲学も両方とも広い意味では「哲学」ですが、狭い意味で「哲学」という場合は、特に「理論哲学」を指すことが多い。だから、「広い意味の哲学」と「狭い意味での哲学」があるので、これもまぎらわしいのだと思います。

倫理学がなぜ「実践哲学」とも言うかというと、倫理学が扱うのは人間の行い、実践することだからです。広く言えば、人間の生き方です。もちろん人間のなかにはいろんな生き方をする人がいるわけですが、倫理学はそれぞれの人がどう生きているか、ではなくて、人間であるわれわれはどう生きれば「よい」か、何をする「べき」か、いわゆる道徳の規範を論じます。

3　意見の対立を調停する

さて、私ももう結構長いこと「倫理学」に関する授業をしてきたのですが、これがなかなかに難しい。私程度の頭で分かることなのだから、みんなにも分かるはず、と思うのですが、それが大間違い。で、思うのですが、何が難しいかって、倫理とか道徳っていうのは、「人を傷つけたり、殺したりしてはいけない」とか、ごく当たり前のことを扱うわけです。そうすると、別にそんなこと改めて勉強しなくてもいいじゃん、とか思っちゃう。これが結構大きい問題。

でも、「当たり前」のはずなんだけど、「～してはいけない」とかって人によって考え方が違ったりするでしょう？　逆に、「善い」とか「～すべき」といったものも、違ってるだけならまだいいけど、対立するっていう場合もある。となると、これは喧嘩だ、戦争だっていうことになる。戦争はちょっと大げさですけど、戦争する人って「これは正義の戦争だ」って言いますね。で、相手も「いや、自分たちの方が正義だ」って言う。倫理学の役割っていうのはそこにあるんですね。つまり、善とか正義とか、まあ、一言で言えば「価値」と言えるようなもの、これが人によって、立場によって違ってては困るわけで、だから、それを調整しましょう、というのが倫理学。

4　倫理学は欲張らない

倫理学の根本モンダイは「善とはなにか」ってことなわけです、って言うと、「絶対的な善悪なんてないと思います、だって、何をよいと思うかっていうのは人によって違うし」といった感想を書く人が出てくるわけです。人によって違うから調整しなくてはならない。それが倫理学だ、と、とりあえずはそう言ったわけですが、少し整理しておきます。

確かに、「何をよいと思うかは人によって違う」はその通りです。でも、冷静に考えてみると、「よい」とか「価値」って、いくつかの種類があるわけです。例えば私は忽那汐里《くつなしおり》ちゃんが好きですが（すいません、読み方を今調べました）、だからと言って、みんなが彼女のことを好きかどうか分からないし、特に好きじゃないという人がいても、それはそれで（残念だけど）仕方ないと思うんです。そういうのは個人の好みだし、人によって違っていてもいいのです。私が汐里ちゃんが好きなように、あなたは武井咲《えみ》さんが好き。好みは違うけど、仲良くできないわけではない。

でも、「人を殺してはいけない」っていうのまで、「そりゃ、あんただけがそう思ってるんでしょ」ってということになったら、これは結構ヤバい。倫理学って微妙なところで成立しているんです。だから、倫理学はあんまり欲張りません。倫理的とか道徳的でないような「よい」を、「善」だと主張するようなことはしません。何でもかんでも、「それは倫理的に正しい、これは道徳的に間違っている」なんて言おうとは思いません。それどころか、逆に、「これが正しいんだ、これが善なんだ」っていう主張があると、誰よりも倫理学者は「ほんとかそれ！」って思うんです。それって、何か嘘くさくないか。自分に都合がいいから、っていうので、自分の好みとか、利益とか、都合とかを人に押しつけようとしているんじゃないだろうかっていう風に。

5　倫理学はオヤジの説教ではない

でも、そういう押しつけを倫理や道徳だと思い込んでいる人がいるからやっかい。しかも、そういう人は、それを正しいと信じ込んでいるので、人にも勧めたいと思ってしまう。私は個人的に、そうした押しつけがましいものを「オヤジの説教」と呼んでいます。

いや、こう見えても私だって苦労しているわけですよ、ほんと。例えば親戚のおじさんとかに会うと、「お前は何をやっているんだ?」と聞かれます。「哲学とか倫理学とか」と答えると、おじさんは親切にこう言ってくれるわけです。「そんな金にならないことは止めて、司法書士とか、会計士になれ。そうしたらうちの会社で雇ってやる」。おじさんは社会で一生懸命働いてお金を儲けました。私から見ても立派です。おじさんも自分に自信があります。だから、自分が生きてきた道こそが正しい生き方だと思えてしまう。だから他の人にもそれを勧めたくなるわけです。

でも、それはおじさんにとってであって、私にとっては違うかもしれない。倫理学を学ぶと、「おじさん！　おじさんはそりゃ立派だけど、それはおじさんの生き方として立派だったんであって、それがすべての人にとってよい生き方かどうか分からないし、おじさんのようにできるかどうか分からないじゃん。僕もちゃんと考えるから、おじさんも大人として見守ってよ」と言えます。逆に、倫理学を学んでいないと、「うう、押しつけられたあ」と思ってしまって、「何おう、このクソおやじ、勝手なことをほざくんじゃねえ」とか言っちゃって、そうなるとおじさんも「青二才が！　分かったような口をきくんじゃねえ」とか言い返して、あとは殴り合いの喧嘩になるわけです。

倫理学はそうした喧嘩にならないためにあるのです。

6　小学校の道徳の時間は何だったのか？

でも、少し厳密に言いましょう。倫理や道徳は押しつけがましいものであってはならないんだけど、押しつけがましく思えることがある、が正しい。それはなぜか？

われわれは誰だって、私もおじさんも、みんな子どもから出発するわけです。倫理や道徳はわれわれがみんなで生きていくために必要だからということでできてきたといっても、子どもにはそんなこと分かりませんから、最初はみんな押しつけとして教わります。われわれが倫理や道徳と聞くと、それを「押しつけ」として理解してしまうのは、子どもの頃のそうした思い出があるからじゃないですか？

「小学校のときに道徳の時間とかありましたが、よく分かりませんでした。あれは何だったんでしょう？」という質問もよく出てくるのですが、その理由は今書いた通りです。子どもには「理屈」ではなくて、「感覚」で道徳を理解させよう、というのが学校の道徳の時間です。学校だけじゃなくて、家庭でもそうですし、ときには親戚のおじさんとか、近所のおばさんとか、いろんな人がわれわれ子どもに気を遣ってくれて、声をかけてくれて、そうしてわれわれは育ちます。そのなかで自然に倫理や道徳を身につけることになります。こうした教育なしに倫理は成り立たないのです。

でも、小学生ならともかく、高校生や大学生くらいになると、もう押しつけはききません。だから倫理学を学ぶわけです。ここで必要になるのは、なぜそうした倫理が必要なのかの説明です。ここではすでに身につけた「感覚」も大事ですが、それとともに「理屈」が必要になります。

だから、最初に思い切って言うと（第一五章で詳しく取り上げますが）、倫理学が最も大事にするのは、「押しつけ」どころか、われわれの「自由」なのです。

倫理や道徳には確かにあいまいなところもあるし、細かい点でいろいろ問題もあって、整理もしなければならないわけですが、それらが大事であるのは違いない。でも、それがなぜ大事なのかが分かっていないと、「押しつけ」にしか見えなくなってしまう。でも、それらがなぜ必要なのかが分かれば、それはもう「押しつけ」ではなくなります。それをわれわれは、自分たちに必要なものとして、自分たちで選び取ればいいわけです。こっちの方がほんとの意味で自由なんじゃないですか？

うん、われながら教師っぽいこと書いてますね。

7　倫理と倫理学の違い

そこで、倫理・道徳と倫理学を区別しておきたいと思います。倫理というのは、われわれ人間が生きているときに自然に働いています。われわれは子どもの頃から倫理を教えられるでもなく教えられて、いわば自然に身につけます。でも、それだけにどこで育ったか、どんな育ち方をしてきたかによって、倫理・道徳には違いが出てきてしまいます。だから、それらの違いを乗り越えて、できるだけ共通な規範を取り出そうとする倫理学が必要になるのです。

人が口で「倫理」とか「道徳的」とか言っていたとしても、みんなが納得できないような、押しつけがましいだけのものなら、それは倫理学では認めるわけにはいかない。倫理や道徳は、場合によっては押しつけがましいかもしれませんが、倫理学は違うわけで、それを押しつけがましいと思うなら、そしてちゃんとした理由が挙げられるのなら、それを拒否することもできます。

8　倫理学の中身

大学なんかで学ぶ「倫理学」の授業の中身は、倫理学では「規範倫理学」と呼ばれています。「規範」という言葉にびびる人もいるかもしれませんが、それは要するに規準やルールのことで、道徳的な規範、といった言い方をします。つまりは規範倫理学は、「何をしたらいいのか、何をしてはいけないか」を考えます。ですが、ここが悩ましいところなのです。「今、ここで、何をどうしたらいいのか」

を教えて欲しいと思うかもしれませんが、倫理学はそれらを直接扱うわけにいかないのです。だって、今、みなさんがどんな状況にいるかは分からないじゃないですか。それにさっき言ったように、むやみにアドバイスすると押しつけになりかねない。だから、「今はこうしたらいい」という具体的なことじゃなく、もっとユウズウのきく仕方で考えます。つまり、応用できるように、一般的なルールとか基本の考え方を整えておくわけです。「規範」というのは、そういうことです。

長い歴史のなかで、それらはまとめられて、およそ三つの考え方が挙げられます。名前だけ出しておくと、アリストテレスに代表される徳の倫理、カントの義務論、ベンサムが始めた功利主義です。

9　倫理学のやり方

ただし、この本ではこれらについて、「アリストテレスによれば」とか、「義務論の考えでは」といった書き方はしてありません。ではどういうやり方をしているか、少し説明しておきます。

実を言うと、倫理学のやり方は大きく言って、二種類あります。一つのやり方は、身近なところ、われわれが一般にどう考えているかというところから始めて、それを整理していくとこんな風になりますね、というやり方です。もう一つは、もうはじめからドーンと基本の考え方を打ち出すやり方です。そして、アリストテレスは前者のやり方、カントやベンサムは後者のやり方に近い。

後者のやり方には利点がそれなりにありますし、「基本の原理はこれ！」という形ですっきりします。

しかし、われわれが実際に生きていると、一つの原理だけで全部を割り切ることができるだろうか、とも思います。そこでここでは、われわれが日常のなかで大事かもしれないけどあいまいになっているもの（その代表として、正義の問題があるわけですが）を、われわれの感じ方、常識的な考えから採り出して、それをできるだけ明確にしていく（つまり概念を作る）、というやり方にしました。

このやり方にはもちろん弱点もあります。やり方としてまどろっこしいところがあるし、基本の原理がいくつか必要になるかもしれませんし、それらの関係がどうなっているかも考えなければなりません。でも、上から目線で、「倫理学ではこうなってます」というのより、このやり方の方が入門にふさわしいかな、と思って、普通の倫理学の教科書とは違ったやり方を工夫してみました。

【コラム３：マッドサイエンティスト万歳！（倫理学と科学）】

授業で、「科学は倫理とは関係ない」とか「倫理学が邪魔して科学が発達しないんじゃないか」とか書いてくる人がいます。だいぶ倫理や倫理学、そして科学についても誤解があるようです。

「倫理は押しつけ」という偏見もこの誤解の源ですが、もう一つ、科学も人間のすることだということを忘れがち。人間のすることである以上、科学といってもやってよいことと悪いこと（つまり倫理）があって当然。逆に考えたら分かると思うんですが、もし科学の研究に倫理的な制約が何もないとすると、つまり、何をやってもいいんだとすると、これは想像するだけでも怖い。

ｉＰＳ細胞の研究でノーベル賞をもらった山中さんの研究が高く評価された理由は、倫理的な問題をクリアした点にあります。それまで万能細胞の研究には受精卵を使うしかなかったのですが、受精卵は単なる卵子ではなくて、もうすでに人間になる可能性を持ったものです。だから、これを安易に使ってよいとは考えられませんでした。しかし、山中さんは受精卵を使わなくてよい方法を開発した。だから、これで研究が飛躍的に進むと期待が高まったわけです。

瀬名秀明のSF小説『BRAIN VALLEY』に登場するマッドサイエンティストが、「生命倫理などとくだらぬこと」を言う者は「科学の本質を知らぬ愚か者」、「科学は倫理学を意識した瞬間に科学でなくなる」と言うシーンがあります。しかし、私は思わず笑ってしまったのですが、なぜこの科学者がむちゃくちゃな研究をしたかというと、それは「よりよく生きることができる」ためだというのです。ここまでは結構シリアスな小説だったのですが、やれやれ（笑）。

こういうマッドな科学者がイメージしているのは大昔の科学者像です。というのは、ニュートンくらいまでの科学者は哲学者と同じく、「わいは真理が知りたいんや、それがわいの幸せなんや」というので研究していて、これは直接社会の役に立たないかわり、他人に迷惑もかけないから、個人の道楽だったわけです。

でも、科学から技術が生まれるようになると、科学は社会の仕組み、制度の一部になりました。科学者の研究費もわれわれのお金から出ているんで、好き勝手に研究されても困るし、変な研究されたら迷惑なのです。誰ですか？ 「昔の方がよかった」なんて言ってるのは！

パート2

正義とは何か：概念を作る

第五章　「夜神君は正義か？」の前に

＊自分の関心（第三章）を見つけられたら、そこから概念を作っていきます。
この章では、その準備。

1　夜神月は正義か？

さて、前章で倫理学に触れて、倫理学の主要な問題の一つが正義である、ということが出てきました。これでめでたくわれわれは、『デスノート』で多くの人が気になるらしい、夜神君のやったことは正義か？という問題に入れるわけです。

夜神君は自分の正義を確信しているのですが、Lもお父さんも、キラ＝夜神君は大量殺人者だと考えます。しかし、人びとのなかには、そう考える人たちもいる一方で、キラを救世主として崇拝する人たちも現れます。

『デスノート』はよくできた作品で、主人公は一応は夜神君なのかもしれないですが、Lももう一人の主人公と言えるくらいで、読者もキラ派の人、L派の人に二分されるようです。映画を見たあとにネットで調べてみましたが、やはりこの問題で盛り上がっているらしいことが分かりました。

こんな風に意見が分かれる場合に大事になってくるのが、「そもそも正義とは何か」ということです。この本で使う言葉で言えば、「正義の概念」がはっきりすれば、それで答えも出てくる。逆に、「正義の概念」があいまいなままでは、それぞれの立場から自分のイメージで正義だ、正義でないとあれこれ意見は出るけれども、結局は問題に答えを出すことはできないままになってしまいます。

2　自分の前提を自覚する

ちゃんと考えていくために、どうしても必要になるのが、先に一言で言うと、自分の前提を自覚するということです。私は哲学や倫理学ではこれがすごーく大事だと思ってます。で、哲学とか倫理学でなくてもめちゃめちゃ大事だと思ってます。

というのは、正義についてもそうですが、何か議論をしたりすると、人びとの意見は分かれることがあるわけですが、それはお互いが自分の前提を自覚していないことから起こってくることが多いと思うからです。別に意見が分かれてもいいのですが、それで喧嘩になっちゃいけません。特に「哲学」なんて言うと、単なる意見というのとは違って、私の哲学は私の魂だし、ここは譲れない、と思うわけです。で、相手も自分の哲学だから譲れない。「それは違う！」「いや、お前が間違ってる！」となって、手が出て足が出て喧嘩になって、そこに加勢する人が出て、あとは修羅場、バトルロワイヤルになります。だから、みなさんは知らないかもしれませんが、哲学の学会が開かれて研究発表とかがあるとたいていは殴り合いになって、毎回救急車を呼ばなければなりません。哲学者の写真を見たりすると、すごい顔をしている人がいますし、ソクラテスなんかはブサイクで有名でしたが、それというのも殴り殴られを繰り返していたからです（嘘です）。

そういうことがないように、大事なのは自分の前提を自覚することです。そうすれば、相手の言うことも聞けるようになるし（「なるほど、この人はこういう意味で、こういうレベルで話をしているのか！」）、何よりも自分が何を言っているかが分かるようになります。逆に言うと、私たちは自分が何を言っているかを知らないことがよくあるのです。そして、自分でも気づいていないのに、無意識のうちに持っている意見のことをわれわれは「偏見」と呼ぶのです。

3　関心の方向を定める

第三章では「確実にただ一人の人を指示する方法があるか」を考えました。この問題は『デスノート』を見て関心を持ったことから出てきたものでしたけど、ちゃんと考えるためには『デスノート』の世界からいったん離れて、問題になる点を引き出してこなければなりませんでした。

われわれがこれからやるのは、『デスノート』を見ていて関心を持った「正義」の概念を作ることですが、この場合もそれと同じです。つまり、そこで本当に問題になっているのは何かをはっきりさせておく。いわば関心の方向を定める、そしてそれを概念作りに繋げるわけです。

そのために、前節で触れたように、正義に絡みついた偏見を取り除くことが必要になってきます。偏見を取り除いてみると、そこから逆に、正義の概念の輪郭が浮かび上がってくる。

4　正義なんてない？

例えば、正義に関して学生さんに意見を聞くと、すごく目立つのは、「正義なんてないと思います」という意見です。意見を言うのはいいことですが、もっといいのは、何で自分がそういう意見を持つのかを説明することです。その主張の理由と言うか、根拠と言うか、それを示すことです。

とか何とか授業で言うことが多いのですが、そこで学生さんは、「正義なんてないと思います」の理由も書いてくれます。それは「正義というのは人によって違うからです」というものです。そりゃあ、こんな風に言いたくなるのも分かります。でも、「正義はない」というのは、結構大きな問題に対する意見です。それを、あんまり安易に出してしまっていいのか、っていうことは考えてみなくては。

でも、こんな風に言いたくなるのは、やっぱり分かります。だって、戦争なんかの場合、戦争を仕掛けた国も仕掛けられた国も、どっちもが「自分たちが正義だ」と言うからです。「だって、Bが悪いことをしたからそれを正すために攻撃したんだ。自分たちは正しい」とA国は言い、B国は「そんなことない、Aが勝手に攻めてきたんだ。正義はこっちにある」と言います。

いったいどっちが正しいのか、どっちが正義なのか、なかなか決められない！　というわけで「人によって、立場によって正義は違う」と言いたくなるわけです。一応はその通りなのですが、ここで立ち止まって考えた方がいいと思います。無理に進もう、すぐにでも答えを見つけようとしてしまうと、なかなか見つからなくて、「何だ、答えなんかないんだ」とあきらめてしまうことになるからです。

落ち着いて考えましょう。正確に言うと、以上から分かるのは、「対立している双方が自分たちの方を正義だと主張する」ことがある、というだけのことです。つまり、「正義がさまざまに違っている」のではなくて、「主張がさまざまに違っている」だけで、それはごく当然のことです。そこから「正義なんてない」と言うことはできません。なぜなら、「正義」というのは、「さまざまな主張がある」、もっと言うと、「お互いの意見が対立することがある」から必要になるものだからです。正義というのは、「ある」とか「ない」とかではなくて、「必要だから作らなければならない」ものなのです。

5　「理念」としての正義

「正義は立場によって変わる」は正しくありません。「正義の主張は立場によって変わる（ことがある）」が正解です。で、だからこそ、いろんな主張を調停することが必要になります。そうした調停ができた状態のことを「正義が実現された」と言うわけです。

現実にはそうなってないかもしれないけど、だからこそそれが必要で実現しなければならない、といったもののことを「理念」と言いますが、正義は理念のなかでも重要なものの一つです。

一方、「人によって正義の主張がさまざまである」というのは単なる「事実」です。事実と理念を一緒にする、同列に並べることはできません。ただし、実際に正義が実現できるかどうかはわれわれの努力にかかっていますし、努力しても必ず実現できるとは限りません。だから、そういう現状（正義が実現していない状態）だけを見ていると、「正義なんかない」と言いたくなるわけです。気持ちは分かります。でも、それは正しくありません。正しくは「正義がまだ実現されていない」のです。

こうして分かったことがあります。「正義なんてない」と言う人と、「いや、正義はある」という人の意見が対立しているとします。そのままでは問題は解決できません。だから、お互いがなぜそう主張するのかを考えてみなければなりません。今は「正義なんてない」という主張の方だけを掘り下げてみたわけですが、それだけでも、「正義なんてない」と主張する人は、「正義はあるか、ないかだ」という前提を持っていることが分かります。だから、「正義なんてない」という主張は正しくないのですが、それは「正義というのは存在する」からではありません。「正義はあるか、ないかだ」という前提自体が間違っているからなのです。

6　なぜ「正義なんてない」と言いたくなるか?

でも、「正義なんてない」という意見はよく見ますが、「正義はある」という主張はあまり見かけない気がします。どっちも主張としては間違っているわけですが、この違いには意味があるのではないでしょうか。

実際、私たちは「正義があるなあ」(正確には「正義が実現されている」)と感じることはあまりなくて、「正義がない!」(「正義が実現されていない」)と感じることの方が多いのです。

たぶんこういうことじゃないかと思うんですが、正義が実現された状態ってどういうのかというと、それは、ごく普通の状態なのです。正義(正義が実現された状態)というのは、いわばあって当たり前で、なければおかしい状態のことです。だから、実現されていてもそれには気づかない。でも、正義が失われていると、何だこれは! おかしいぞ、不正じゃないか! ということに気づくわけです。

7　「正義がない」と困る:規範の意味

だから、「正義なんてない」と考えて平気な人は、不正にも気づいていなくて、現実の生活に何の問題も感じていない幸せな人なのです。これは倫理についても同じで、倫理なんてどうでもいい、と言っている人は、倫理に守られていることに気づいていないだけ、ということが多い。

もっとも、もう一つの可能性もあって、それは、不正があちこちにあることに気づいているのだけど、だから、正義が必要だと思っているのだけれども、それを実現するのは不可能だと思っている、という人です。もっと広げて言うと、倫理観がとても強いために、現実の世界で倫理に反することが起こっていることにいらだってしまっている人、と言ってもいいでしょう。

後のタイプの人には、私も実は共感しなくもないのですが、そんな簡単にあきらめてしまうほど、正義や倫理は軽いものではないだろう、とも思います。でも、この問題はあとで改めて考えましょう。

しかし、前のタイプの人、正義がないと困るんだということに気づいていないだけの人には、実際に困ってもらいましょう。

はい、この授業は受講生が多くて試験の採点が面倒なので、もう試験を受けたらそれで合格、全員一律六〇点ということで、手を打ちませんか？　賛成の人は手を挙げてください。

前に授業で何度かそういう提案をしたことがあったのですが（もちろん、考えてもらうための一例としてです）、たいていは、賛成が少しで反対する人の方が多いです。まず賛成した人に聞きましょう。

「賛成なのはなぜ？」

当然ながら、彼らの答えは、「自分は試験で合格する自信がないから」というものです。

「じゃあ、それは正しいの？」と聞くと、「うーん？」と考えています。どうも正しくなさそうですね。

一方、反対の人になぜ反対なのかを聞くと、「だって、不公平だから」というわけです。

そうですね。採点するに当たっては、不公平であってはならない。公平さ、つまり正義が必要。もちろん、試験のときに風邪を引いて不利になるとか、採点のミスがあるかも、という風に考えていくとキリがありません。でも、正義なんかない、だからどうでもいい、ということにはならない。だって、正義がないんだったら、試験なんかしてもしなくても一緒になってしまうわけです。それはやっぱりおかしい。少なくとも生きている以上は、まともに生活したい。そして、正義というのは、不正、不公平をなくして、できるだけ「まともに」しようというわれわれの望みを反映したものなのです。だから、まともに生きたいと思うなら、やっぱり正義は必要だということになります。

これが「規範」の意味です。なぜ規範を守らねばならないか。それは、そうでないと困るから、そうすることが必要だからなのです。

【概念の実例2：エステ】

「そんなの概念なの?」と言う人もいるかもしれませんが、「エステ」です。今では「美容」というような意味で使われているようですが、この言葉の元は、英語のエステティック、さらにその元はラテン語のアエステーティカです。もともとは「感覚、感性」という意味のギリシャ語「アイステーシス」から作られた言葉です。第四章の頭に触れましたが、哲学は、大きくは哲学（理論哲学）、倫理学（実践哲学）に分かれます。でも、実はもう一つあって、それがアエステーティカ、美学です。哲学と倫理学は古代ギリシャに生まれました。でも、美学だけは一八世紀の生まれです。すごく新しい。なぜか。それは、伝統的に哲学が「知性」を重視してきたからです。逆に、感覚、感性といったものは人によって違うし、自分のなかでも一定しなくて、信用できないからです。

　だから、ドイツの哲学者バウムガルテンという人が、「感性っていうのもちゃんと考えてみよう」と提案したのがようやく一八世紀。それがエステティックの出発点です。でも、出発は遅かったけど、もう今となっては「エステ」とかいう短縮形までできて、われわれの日常に入り込んでいます。うがった見方をすると、これは現代が感性とか、あるいは「美しさ」とか、もっと言うと外見とか、そうしたものを重視している現れだ、と考えることができるかもしれません（かな?・）。

第六章　これまでの正義の話をしよう

＊この章では、いよいよ概念を作る作業に入ります。

1　再び、夜神君は正義か？

さて、われわれが出発点とした「夜神君は正義か？」という問題に戻ります（第五章1）。実を言うと、この解決はわりあい簡単じゃないかと思ったりします。

物語のなかでは、キラ信者の人たちが出てきますが、実際、キラの存在が一般に認知されるに従って、凶悪犯罪が減っていくのです。善良な人たちは、そりゃあ喜びます。

私も善良なので、そうなればうれしいです。と言いたいところですが、そうはいきません。もし私が作中人物なら、当然キラに反対する側に回るでしょう。と言っても、私は夜神さん（父）ほどの真面目さもないし、Lのような才能も洞察力もないので、相沢か、あるいはむしろ松田あたり（二人とも夜神

（父）の部下の警察の人です）かもしれませんが。

なぜキラ＝夜神君に賛成できないかと言えば、それは陳腐な言い方ですが、強大な権力を握ってしまうと、人はどうしても腐敗してしまうからです。実際、夜神君＝キラは自分の周囲に捜査の手が伸びていることを知ると、犯罪者でもなんでもない捜査員を殺してしまいます。

別な言い方をしましょうか。もし私が善良な人間であるとします（これを仮定法を使って言うのも、自分で何だかなあ、と思いますが）。そうだとすれば、キラに抹殺されることもありません。よかったよかった。でも、そうとは限りません。キラは、いわゆる凶悪犯罪者も殺していきますが、必ずしも凶悪犯罪者でない者も殺されます。その基準はどこにあるのでしょう？

マンガを読んだり映画を観たりしているわれわれは、キラが夜神君であることを知っていますし、主人公の彼に感情移入してしまいますし、彼の気持ちも分かります。だから、物語のなかで夜神君が危なくなるとハラハラします。しかし、われわれが作中人物なら、そうしたことは一切分かりません。どんな手段でか分からないが、手も触れずに人を殺せる者がいる、しかも殺される基準も分からないのです。それを肯定できるでしょうか。

2　気持ちは分かるが

『デスノート』は正義の問題を考えさせますが、同時に、この物語が物語としてよくできているために、正義について考えにくくなっています。夜神君やLがキャラクターとして魅力的であったり、話の展開が面白かったりするからです。でも、われわれはそこからいったんは離れなければなりません。

もちろん、夜神君の気持ちは分かります。キラのファンの人たちの気持ちも。だって、実際に世の中を見ていると、悪い人がのうのうと生きていたり、善良な人が苦しんでいたり、「許せない！」と思ってしまいます。警察もあれば法律も裁判所もある。でも、夜神君が嘆いていたように、実際にはそれらがうまく働く場合ばかりではありません。うまく逃げてしまう犯罪者もいるし、冤罪もあります。そうした不公平がなくなればいい。夜神君と同じように、われわれもそう願います。しかし、そのための絶対的な力を持つのが、人間、それも一人の人間であるのなら困ったことになります。彼が罪を犯したとき、それを裁く方法がないからです。

3 「神」になろうとした「人間」

夜神君は理想的な「新世界の神」になろうとしましたが、それは彼がいくら優秀でも無理な話です。可能だとすれば、それこそ本当の神が必要になります。宗教の問題はあとで取り上げますが、こうして考えてみると、『デスノート』というマンガは、ひどく宗教的な作品なのです。特に、原作の終わりにそれがよく現れています（興味のある人は自分で確認してください）。別に作者の人たちはそうしたことを意識していなかったのかもしれませんけど、絶対的な力で正義を実現するというアイディア自体がとても宗教的なものなので（第一二章と第一四章）、作者の人たちの意図とは違っても、作品がそういうものになってしまう必然性があったのです。

でも、夜神君はもちろん神ではなくて、人間でした。ただし、夜神君がLの挑発に乗って人間であることがばれなければ、夜神はそのまま神でいられたかもしれませんけど（ただしそれは、いわば「恐怖の神」です）、そうなると物語にはならなかったかも。

4　信念を貫く正義？

では、なぜ夜神君に（間違って）賛成してしまう人が多くなるのでしょう。私も上で、「気持ちは分かるが」と言ってしまったわけですが。

夜神君が感じていたのは、この世の中に、悪や不正があって、しかもそれが正されていない、ということでした。でも「正義なんかない」とは思わずに、それを実現したいと夜神君は考えていたわけです。つまり、「正義」の理念を夜神君は失わなかった（もっと広げて言うと、夜神君はとても倫理感が強い人だったわけです）。

こうした背景があるもんだから、「やっぱり夜神君のしたことは正しい」と思う人はなかなかしぶといです。しかし、この意見の人たちの考えには特徴があります。「夜神君は正義だ」と考える人にその理由を聞いてみると、一つには、「悪や不正を正すことは正義だから」という理由、もう一つは、「自分が正しいと思ったら、その信念を貫くのが正義だから」というのです。

上で見たように、一つ目の意見は間違いではない。しかし、二つ目は「正義」というのとはちょっとずれます。申し訳ないけど、これはやはり「偏見」です。正義は確かに一貫していることが大事なのですが、その一貫のさせ方が「自分が正しいと思ったら」というのでは、正直なところ困ります。というのは、その人が正しいと思っているのとは違うことが正しいと思っている人も、その信念を貫いたらどうなりますか？　そうなると、二つの違った正義、対立する正義があることになってしまいます。

5　「間《あいだ》」の正義

個人のなかには、確かに「正義感」のようなものがあります。これはとても大事です。正義感とは正義を望む気持ちのことで、それがなければ、正義を実現しようとする努力も生まれません。ですが、もう一つ大事なことは、それが「自分だけの正義」になってしまわないようにすることです。例えば、「テロリスト」というのは、そうした「自分だけの正義」に捕らわれてしまった人です。『デスノート』の夜神君が陥ったのはこの間違いだったわけです。

そうでなくても、「自分は正しい、自分は自分の信念を貫くぞ」というのは、思っている本人はいい気分かもしれませんが、それをはたから見ていると、単に滑稽だったり、積極的にうっとうしかったりすることがよくあります。「正義」をうさんくさいと思う人は、そうした「ひとりよがり」がいやだと思ってることが多いようです。

要するに、正義というのは誰か一人のなかだけで成り立つものではない、正義とは、人と人の間、人びとの間で成り立つ関係だということなのです。

6　不正のあれこれ

さて、準備が長くなりましたが、そろそろ正義の概念を作ってみましょう。

今までのところを確認しておくと、まず、正義はあるとかないとかといったものではなくて、われわれが必要とする理念でした。次に、正義は人びとの間に成り立つものでした。つまり、正義とは、人びとの間で必要になってくる理念です。何度言っても同じことですが。

そこでここで考えねばなりません。なぜ正義が必要になるのでしょうか。例えば、夜神君が正義がない！と考えたのは、犯罪者が捕まっていない、罰せられていないから。つまり、何か不正とか不公平とか、まともでないことが起こっているから、そしてそれが正されていないからでした。われわれは能天気なことに、そういうことが起こらないと正義の問題に気づけないわけでした（第五章6）。だから、ここで考えてみるべきなのは、不正なことが人びとの間で起こっている例です。

例えば、大貫君が田中さんから一〇〇円を奪ったとすると、これは明らかな不正です。大貫君はプラスになってますが、田中さんはマイナスになってしまってます。バランスが崩れてしまっています。これを正す、ここで正義を実現するためには、大貫君が田中さんに一〇〇円を返さないといけません。プラスマイナスをゼロにするために賠償するわけです。こうして、崩れたバランスを回復する、釣りあいがとれている状態にする、これが正義と呼ばれるものの一つのパターンです。

今度は大貫君が溝口君を殴ったとします。この場合は、さっきと同じように考えるなら、溝口君が大貫君に殴り返すことが考えられます。でも、大貫君はジャイアンみたいなので、溝口君が殴り返すと、「溝口のくせに生意気だぞ」と言って、また殴ってくるかもしれません。あるいは、「俺は平手で軽くなでただけなのに、お前は俺を拳で殴ったな。お返ししてやる」ということになるかもしれません。こういう無法者の場合、被害が大きければ、警察に登場してもらうことになるかもしれません。で、裁判になって、大貫君が罰を受ける、というわけです。これはさっきとは違って、溝口君はマイナスになった分を回復することはないわけですが、大貫君にも同じだけのマイナスを与えて二人のバランスをとっているのです。

7　そして不公平

次には、さっきも出てきた試験の場合などです。試験を受けた人全員、一律に同じ点数をつけるのは釣りあいがとれていません。だからこの場合は、がんばってよくできた人にはたくさんの点をあげなければなりませんし、そうでなかった人にはそれなりの点を、がんばらなかった人には点をあげないこともあるかもしれません。こうして釣りあいを考え、バランスをとります。これが正義です。みんな同じ点にするより、こっちの方が「正しい」でしょう?

平等というのはいつもいいことだと思っている人がいるかもしれませんが、そうではありません。例えば会社で、がんばって一〇〇万円のセールスを上げた人が、西野さんと高木君の二人いたとします。この場合は二人を「平等」に扱わなければなりません。この場合は平等にするのが正義です。でも、北田君は一五〇万円のセールスを上げました。それなのに、北田君の給料を、一〇〇万円のセールスしかなかった(これでも立派ですが)西野さん、高木君と同じにしてしまうと、ちょっと見ると平等のように見えますが、これはやっぱり不公平です。だから、差をつけなければならない。差をつける方が釣りあいがとれる場合があるわけです。平等でない方が正義になることもあるわけです。

8 正義の概念

こうして見ると、いろんな場合が考えられます。他にも例はいろいろ考えられると思います。でも、これらに共通するものがありました。つまり、同じである場合には同じに扱う、違っている場合にはそれぞれに合わせて扱いを変える。そして、それによってバランスよくする。バランスが崩れている場合にはそれを回復する、釣りあいをとる。

「正義」なんて言うと難しい気がするかもしれません。「俺こそが正義だ」「いや、違う、俺の方が正しい」というような人びとの声、意見や主張の対立をいつも聞いていると、「正義なんてない」とか、「誰にでも共通な正義なんて見つからない」と考えてしまう人がいるのも分かります。でも、こうしていろんな例を考えてみても、いずれの場合でも、結局のところは「バランスをとる、釣りあいをとる」ことが目指されているのが分かります。そうです、これこそが正義の概念なのです。

ただ、「釣りあいをとる」という言い方だけでは本当は足りません。だって、釣りあいをとるというだけなら、シーソーだってそうだから。でも、正義はそうした物理的なバランスではなくて、社会にとって必要な釣りあい、つまり社会の秩序のことです。だって、そうでないと社会自体が成り立たなくなるからです。社会が社会であるためには、一定の秩序が必要で、その秩序を保つのが正義。ルールがないとゲームが成り立たなかったように、正義がないと社会が成り立たないのです。その意味で言うと、正義というのは、社会が成り立つための根本というか、最低限の条件ということになります。どうでしょう。案外あっさりと見つかったような気がしませんか。

9　概念の作り方

ここで正義を取り上げたのは、概念の作り方の例を示すためでした。今われわれがやったことをちょっと振り返っておきましょう。

正義は直接感じられないので、それと反対の不正の例をいくつか考えてみました。大貫君が田中さんからお金を奪う、大貫君が溝口君を殴る、試験で点数を配分する、会社で給料を分配するというような場合です。これらはそれぞれに違った状況ですが、でも、考えていくと、そこで必要とされる共通なことがありました。それが「バランスをとる、釣りあいをとる」ということで、これが共通に見出される「正義」の正体だったわけです。

こうしたやり方、つまり、いろんな例を考えていって、そこから共通な点を取り出す場合に重要になってくるのが、抽象化するということです。抽象とは「大事なところを引き出す」ということでした（第二章4）が、そのときに重要なのは、「大事じゃないところは思い切って捨てる」ということです。

上に見たいくつかの例は、それぞれに細かいところで状況が違います。例えば溝口君とか大貫君とか、一〇〇円とかそういうのは具体的にするために入れた細かい点で、別に一〇〇円でなくても一〇〇〇円でもいいので、はっきり言ってどうでもいいところです。だから、抽象化する場合にはそれらにこだわるとうまくいきません。それらの具体的な点を取り除いて捨てていく（捨象する）、そして大事な点、共通な点だけを残して取り出す。そうすると概念ができます。

ま、口で言うだけなら簡単ですが、やってみると、そううまくいかない場合があるかもしれませんが、それはやってみないと分からない。だから、どんどんやってみたらいいと思います。

【コラム４：ミュトスとロゴス（宗教と哲学）】

一言で言うと、哲学は世界観です。われわれは人間で、ここが動物と違うところですが、動物は「この世界はどうなってるんだろう」なんて考えない。けど、人間は考える。だから世界観ができる。

でも、世界観には哲学的な世界観以外のものもあります。

哲学が始まる以前、たぶん、最初はそれこそよく分からなかったので「考える」以前ですけど、「こんな風になってんじゃない、世界って？」っていうのを表現したのが神話とか物語だったろうと思われます。つまり神話も世界観の一つです。でも、神話は宗教的な世界観です。

神話・宗教と哲学の違いは、哲学の方は理屈に合う説明を求めるところです（しかし、哲学が理屈に基づくのなら、神話は何に基づくのか。これはとても難しい問題で、神話の解釈には長い歴史があります）。神話のことをギリシャ語でミュトスと言います。理屈のことはロゴス。だから、哲学の誕生のことを、「ミュトスからロゴスが生まれ、独立した」などと言ったりします。

だから、哲学の親は神話、宗教だと言ってもいいです。でも、それだけに哲学は神話や宗教から独立したい。これは科学が哲学から生まれ、哲学から独立したいと思ったのと同じです（第一章４）。でも、歴史的に見ると、科学、宗教、哲学の三つは、ほんとはそれほどはっきり分かれているわけではありません。だからこそはっきり区別したい、とわれわれは思うわけですが。

パート3

愛と正義：概念を使う

第七章　愛と正義の『北斗の拳』

＊概念を作ったら、それを使ってみる。それがこの章のテーマです。

1　やっぱり正義なんてない！

さて、こうして「正義とは何か」はだいたい分かりました。もちろん、専門家から見ればいろいろと言いたいことがあるかもしれませんが、以上のように考えておいていいんじゃないかと思います。

もう一つおおざっぱに言うと、正義に関わるこうした論点は、すでに二〇〇〇年以上前にアリストテレスが指摘しています。でも、それなのに、われわれはいまだに正義について争っているように見えます。人びとの間だけではなく、国と国の間には戦争が起こって、戦っているどっちの国も自分のところが正義なのだと言います。だから、「『正義の反対は悪ではなくて、もう一つの正義だ』というセリフがマンガにあって、その通りだと思います」などと書いてくる学生さんがとても多いのです。

他にも、「授業では夜神君は正義じゃないという答えが出ましたが、私はやっぱり彼のしたことは正義だと思います。罪を犯したのに捕まっていない人はいっぱいいるし、人を殺しても死刑になりません。これはどう見ても釣りあいがとれているとは思いません」と書いてくる人がいます。

さらに、授業で「正義というのは釣りあいをとることですね」と言うと、「そんなこと言いますが、例えば先生の大事な人が殺された場合、そんな冷静でいられますか?」というようなことを書いてくる人がいます。そうですね。冷静でいられないと思います。私の家族が誰かに殺されたとすると、裁判など待っていられないし、自分で犯人を殺したいと思うでしょう。だから夜神君のような人がいれば、彼を崇める人たちが登場することになるのも分かります。

でも、それは当事者だからです。そして、正義というのは、上で見たように、当事者のどちらかの言い分では決まりません。二人なら二人の当事者の間の関係として「正義」がなければならないのです。

2 仇討ち

例えば、自分の大事に思っている人が誰かに殺されたとすると、犯人を殺したいと、私なら思うでしょう。いわば仇討ちです。今は認められていませんが、江戸時代には認められていたようです。でも、みなさんが知っているかどうか分かりませんが、仇討ち、敵討ちは、単なる復讐ではありません。仇討ちは一つの法律上の制度です。例えば、一回仇討ちを試みて失敗したとすると、二回目はできません。

敵討ちをしようとした方が逆に殺されてしまう場合（「返り討ち」というやつです）もありますが、それはそれで終わりです。そして、仇討ちをされた人の家族が、仇討ちをした人たちに対して仇討ちすること、仇討ちに対する仇討ちは許されていませんでした。

でもそういう制度にしてあるのも、仇討ちというのは一回こっきりのもの、そうでないと困る、と思われたからです。何回もやり直し、やり返しができるということになると、いつまでも終わりません。つまり、敵討ちというのは復讐できる制度というよりは、復讐に対する復讐、それに対する復讐というように、復讐の連鎖が続いてしまうことを止めるための制度なのです。そうした復讐の連鎖になってしまうと、いつまでもバランスが回復しなくて、全体の秩序が安定しないからです。

今では仇討ち、敵討ちはありません。でも、だから、その代わりに警察とか裁判所とかの登場、ということになります。でも、繰り返すと、たとえ犯人が捕まって、たとえ死刑になったとしても、それで「完全に釣りあいがとれた」とは、当事者からすれば、とうてい思えないだろうと思います。この問題はあとでも考えますが、そういう意味で言えば、「完全な正義」なんていうのはないわけです。

もっと言えば、正義とは一種のフィクションです。ただ、それは社会を成り立たせるために人間が作り出した、どうしても必要なフィクションです。そして、もっともっと極端に言えば、例えば科学だってフィクションです。だって人間が作ったのだから（コラム3）。みなさんは、物が下に落ちるのは引力があるからだ、とか信じてますか。実は、物が下に落ちることを説明するために、あれは引力のせいだ、と言っているだけじゃないですか。それと同じで、犯罪者は罰せられないといけない。なぜなら、それは不正をしているからで、正義が失われたからだ、とわれわれは言うわけです。

3　正義だけじゃ足りない

でも、ちょっと話が飛びすぎました。私が言いたかったのは、せっかく概念を作ったら、今度はそれを使ってみよう、ということだったのです。

さっきの例に戻ると、私は例えば自分の家族が殺されたとしたら、犯人が処罰されることを求めるだろうと思います。そうしないと正義が失われたままだからです。でも、たとえ犯人が死刑になっても、つまり、社会的に言えば正義が回復されたように見えるとしても、それでも私はたぶん納得はできないだろう、と思います。だって、自分の大事な家族が殺されているんだから。

でも、だからといって、正義が実現されてない、とは言えません。正義が実現されていようといまいと、私にとって大事なのは、私のかけがえのない家族だからです。つまり、ここで問題なのはもう「正義」ではないのです。正義は大事ですが、それですべてが解決するわけではありません。われわれには、場合によってはもっと大事なものがあるのです。

4 正義と愛

正義について考えるときに、われわれはついつい、正義と正義以外のものを混同してしまいます。例えば授業で、「正義とは何だと思いますか?」と聞くと、「自分を犠牲にしてでも他の人のためになることをすること」というように言ってくる人、書いてくる人が結構多いのです。それは確かに「善いこと」かもしれません。というか、そういうことができる人ははっきり言ってすごい人です(第一九章)。偉い人です。でも、それを「正義」と言ってしまうと困ったことになると思うんです。

「正義」と言ってすぐに思い浮かぶのは、「正義のヒーロー」とかです。ああいう人たちは、確かに、悪の組織と戦ったりして、自分が傷ついたとしても人びとを守ろうとします。「自分を犠牲にしてでも他の人のためになることをすること」を実践しているわけで、かっこいいし、すごくいいことをしている。でも、考えてみると、正義のヒーローがかっこいいのは、正義であるからだけではなくて、おまけに強いからじゃないですか?　でも、それはヒーローが、超人的な能力を持っているからできることです。そう、夜神君は「正義のヒーロー」になりたかったのです。あるいは「神の正義」を実現したかったのでした。でも、彼はやっぱり人間だったので、それができなかった。せっかくデスノートという、人間を越える力を持っていながら、です。

まして、例えば自分の子どもを殺されたお父さんがいたとすると、このお父さんはヒーローでも、神でもありません。だから、せめて社会のなかで不正が正されて、正義が実現して欲しい、と願います。

でも、たとえ裁判で犯人が有罪になっても、死刑になったとしても、お父さんはそれで納得するとは限りません。なぜなら、お父さんにとって自分の子どもは、愛する我が子だからです。

こうしてわれわれは、正義に次いで、もう一つ大事なものを発見しました。もちろん、「愛」です。

5 愛の限界

正義が成り立っていないと困ります。しかし、それは社会のなかでの話。でも、身近な人間関係のなかでは、それだけではない。愛があります。そして、場合によっては、正義よりも愛の方が大事に思えることさえある。

すべての人に対して愛を持てればいいかもしれません。「博愛主義」という言葉もある。でも、それは普通の人には無理だし、そもそも「すべての人を愛する」っていうのは矛盾があります。だって、はっきり言って、家族や恋人、友達と知らない人とだったら、比べるまでもなく家族、恋人、友達の方が大事です。みなさんも、自分の恋人が「博愛主義」だとしたら、何か釈然としないかもしれません。

なぜ博愛は不可能なのか？　その理由は簡単と言えば簡単、でも、それはわれわれの存在の根本に関わります。つまり、われわれ人間がどうしようもなく有限な存在だからです。私が無限な存在だったら何も問題はありません。何せ無限なわけですから、すべての人に十分な愛を注ぐことができます。でも、そんなのは神様でもない限り不可能です。私の力は限られていて、いくら他の人のためになりたい、他の人を愛したいと思っても、すべての人に対しては無理です。だから、愛の領域は狭く、人びとの間に区別を設けざるをえない、ということになります。

6 愛の領域

別に、知らない人はどうでもいい、と言っているわけではありません。知らない人とも喧嘩しないようにしたいし、彼らは彼らで自分の生活があるわけで、それはそれなりに尊重したい。もちろん、こっちのことも尊重して欲しい。彼らも自分と同じ社会の一員で、お互いに平等であったり公正であったりすることが必要です。つまり、ここでは正義が重要になるわけです。

でも、愛の場合は違います。愛ははっきり言って不平等、不公平なものだし、人と人との間に差をつけてしまいます。相手のことを思いやったり、大事にしたりというとき、それは他の知らない人たちよりも、愛する人を優先したくなって当然です。これが行き過ぎると、もちろん問題になります。

例えば、自分が先生をしている学校に自分の子どもが入ってくる。自分の子どもだからかわいい。だからいい成績をつけてあげよう。これはいわゆる、公私混同というやつです。当然ながら不正。だってここは学校という、社会の仕組みの一部なんだから、正義が必要です。「学校では『お父さん』と呼んじゃいけないよ。『先生』と呼びなさい」。だって、先生は生徒たちみんなの先生ですからね。

でも、いったん家に戻ったら、そこでは違います。つまり、正義は社会でのこと、愛はプライベートな領域でのことなのです。正義はみんなに等しく、でも、愛は特別な人へ向けてのものなのです。

こうしてわれわれは、倫理についても大事なことに気づきました。われわれは正義から出発しました。これは倫理にとってとても大事なものだったわけですが、倫理はもっと身近なところにだってあります。愛と正義、この両方とも、われわれの倫理にとって欠かせないものなのです。

7　概念の使い方

概念をはっきりさせると、他の概念との関係も分かってきます。上でやったのはこのことです。前に分かったことですが、正義というのは人間の関係のなかで問題になることでした（第六章5）。でも、そのときにもちょっと気になったことがありましたね。人間の関係と言ったって、とても広くて漠然としている。正義はその一部なのでした。それは、人間の社会的な関係でした。

一方、愛はどうか。「『正義と愛』なんて、この二つが並ぶと思ってもいなかった」とか言う学生さんがいますが、この二つが並ぶのには立派な理由があります。だって、愛も正義も共通したところがあるからです。つまり、愛も正義と同じく、人間の関係だからです。でも、愛と正義はやっぱり違っていました。正義が社会的な人間の関係だとすれば、愛はプライベートな領域での人間の関係です。

せっかく概念を作ったら、それを使わない手はありません。そして、一つにはこんな風に、他の概念と比較したり、区別したりということができるわけです。

繰り返しになりますが、倫理の問題はそれなりに難しい。人間が生きるということは単純ではない。でも、だからこそちゃんと生きるためにはちゃんと倫理について考えたい。でも、「倫理」について漠然と考えると、話は余計にこんがらがります。倫理について考える場合に最も重要なことの一つは、今自分が関わっている問題が、どういうレベルのものなのかをはっきりさせることです。つまり、それは正義という社会的な問題なのか、それとも愛に関わるもっとプライベートの問題なのか。それを切り分けるところから倫理的な考察は始まります。でも、そのためには概念的な区別が必要なのです。

うん、なかなかうまいまとめですね。

8　概念を使った『北斗の拳』の読み方

ちなみに、「愛と正義」は、しばしば物語のテーマになります。例えば、元はマンガで、アニメや映画にもなった『北斗の拳』のテーマは、ずばりこれです。

『北斗の拳』は、核戦争が起こって混乱し、無秩序な状態になった地球が舞台です。そこで、この世界に何らかの秩序をもたらさないといけません。そうでないと、「力が強い者が勝つ」という弱肉強食の世界になってしまいます。これでは動物と同じです。もっとも、「力こそ正義だ」という考えも古くからありますが、それだと弱い者たちは困ります。そして、強い者と言っても、いつ弱い者たちが仲間を集めて自分を襲うかもしれませんから、安心していられません。いくら強くたって、夜は寝なければなりませんし、うんこしているところを襲われたらやっぱりやられます。

しかし、やっぱり力がベースになるんだ、と考えて、自分なりの仕方で、社会に秩序をもたらそう、正義を実現しようと考えたのがラオウです。でもラオウは、そのためには暴力のように見えるものも必要になる、と考えています。だから、その点でラオウのやり方は結局は弱い者たちを虐げることになる、彼らを従わせ支配するだけになる、と考えて、ラオウに対立するのが、ラオウの弟ケンシロウです。こちらは、愛の力によって社会を安定させようとするわけです。

でも、上に見たように、愛は社会的な力にはなりにくいものです。だから、ケンシロウは、自分の愛する者と社会的な秩序との間で動揺します。また、ケンシロウが頼りにするのは、実はラオウと同じで、拳の力です。だからラオウはきっぱりしているように見える（実際、主人公よりラオウの方が遥かに存在感がありました）のに、主人公のケンシロウははっきりしないというか、苦労するわけです。

『北斗の拳』が面白いのは、「愛と正義のヒーロー」が一人ではなくて、「愛の人」と「正義の人（でも結局暴力）」に分かれて戦うというところです。

さて、正義についてはまだ考えるべきところがあるので、またあとで（第一二章から）考えますが、次からしばらく愛について考えましょう。

【練習問題2：『必殺仕事人』と『相棒』、他には？】

ふだんは「うん、これは正義のドラマだな」なんて思わないで、面白いとか興奮するとかで観ているわけですが、こうしてみると、アニメやドラマのなかには、正義や愛を主題にしたものがとても多いことが分かります（というか、正義や愛を外すと、他にどんなテーマがあるか、と思えるくらい）。

年代によって、挙がってくる作品はかなり違うかもしれません。例えば、私が子どもの頃に流行ったものでいえば、『必殺仕事人』がありました。世の中には不正なことで悲惨な目にあって、でも法律や社会が何もしてくれない、ということだってあるわけで、そこで、復讐をお金で引き受ける「仕事人」が登場、ということになります。この仕事人の人たちは非合法で闇の存在なので、やり方は「社会的な正義」にかなっていません。だから、「仕事人」は『デスノート』と同じ構造を持っています。

他、刑事ドラマの『相棒』。このドラマが面白いのは、杉下警部が社会的な正義の立場を示しているのに対して、一代目の相棒の亀山君の方は単純な正義感を示していて、この二人の考えが、ずれたり一致したりして物語が進んでいく、ということです。単純な正義感？　そう言ってもいいのですが、むしろ亀山君の場合は、正義というより愛に近いかもしれませんね。

さあ、みなさんも自分でこうした例を考えてみましょう。

それに、ドラマなんかの場合だけじゃなくて、現実の場合も。例えば、学校の先生やお医者さん、看護師の人は「愛の人」がいいのか、「正義の人」がいいのか？とかね。

第八章　男女間に友情は成り立つか？

＊この章では、関連する二つの概念をいっぺんに作ってみます。
また、できた概念が正しいものかどうかを確かめるという作業もやります。

1　男女間に友情は成り立たない？

私は看護学校でも哲学や倫理学の授業をしています。これは大学での授業とはまたちょっと違っていて面白いです。初めて看護学校で授業したとき、「起立！　礼！」から始まるのでびっくりしました。私の授業は基本的に、大学でも看護学校でも、学生さんからテーマを出してもらって、それについて考えていくという形なので、行き当たりばったり、うまくいくときもあれば、うまくいかないときもありますが、看護学校でよく出るテーマが、「恋愛」です。

こういうテーマは結構難しい。自分たちにとって身近なテーマだと思ってもらえるのはいいのですが、逆にそれが邪魔をして、うまく哲学できないときもあるからです。でも、あるとき、看護学生さん（女性）から、こういう疑問が出ました。

「友達が『男女の間には恋愛は成り立つけど友情は成り立たない』と言っていた。でも、私は恋愛というのがよく分からないし、男の友達もいるし、どうなんだろうと思った」というのです。

2　だって実際、私には異性の友達がいる？

最初にみんなに手を挙げてもらうと、「男女間には友情は成り立たない」と「成り立つ」は半々くらいになりました。そして、「成り立つ」派の人に理由を聞いてみると、「だって、私には異性の友達がいるし」というのです。分かりやすい意見です。

でも、「成り立たない」派の人も反論します。「いや、それは違う。それは、君がそう思っているだけで、相手はそう思っていないかもしれない」というのです。なかには、「僕にとって、女性は、ぜーんぶ恋愛対象としてしか見られません」というつわ者もいます。

こうして意見が分かれるとなれば、これはどうも、お互いの前提が違っている可能性があるのではないか。前にそう考えました（第五章2）。この場合なら、「恋愛」とか「友情」とかについて、それがどんなものであるかについてのとらえ方が違っている、だから意見が食い違っているという可能性が高い。

こういうときにこそ、概念の出番です。

3　この愛がなぜあの人に通じないのか

前に書いたように（第一章1）、「哲学」はそもそも「愛知」だったわけで、哲学にとって「愛」ははじめからとても大事なテーマです。でも、抽象的な愛はともかく、「恋愛」となると、そんなものを哲学的、概念的に考えるなんてできない、と思う人が多い。確かに、愛については正義についてと同じようにやるのは難しいと、私も思います。

そこで今度は、正義の概念を作ったのとは、ちょっと別なやり方をとってみましょう。せっかく恋愛と友情という二つが出てきましたから、いっぺんに考えてみようというわけです。その方が難しいじゃん、と言われるかもしれませんが、実はそうではないのです。対《つい》概念とか相関概念とか言いますが、恋愛と友情をセットのものとして考えると、かえって分かる部分が出てくるのです。

でも、例によってまずは先入観というか隠れた前提を確認しておきましょう。

愛を哲学的、概念的に考えるなんて！　と思う人は確かに多い。でも、それは愛とか恋とかを「気持ち、感情」だと思うからじゃないですか？　そうだとすると、気持ちのあり方は人によって違うものだから、「愛は人によって違う」と言いたくなるという例の罠に陥りがちなのです。でも、これは別に哲学とか何とかじゃなくても、まずい考え方です。

いや、単純な話、愛を「自分のなかにある感情、気持ち」と理解すると、いろいろと問題があるのです。というのは、愛が人の心のなかにある気持ちでしかないとすると、それは相手からは見えないし、とても不安定なものになってしまうからです。そう、われわれが愛に悩むというとき、一番大きいのがこの点なのではないでしょうか。相手の気持ちが分からない。自分のなかでも揺れ動く。それに、愛が気持ちだとすると、それは自分のなかにさえあれば成り立つことになって、自分勝手なストーカー行為も愛だと認めることになります。それはちょっと違和感がないですか?

もっと単純に考えればこうです。「愛は気持ちの問題で、人によって違う」という意見は確かによく出てくるのですが、でも、それだと「私が誰かを愛する」ということはあっても、「愛し合う」ということはありえないことになります。あったとしても、お互いに愛しているつもりで実はすれ違っているだけ。もっとも、別にそれでもいいと考える人もいるかもしれないので、それだったら別に止めはしませんけど(でも、犯罪に走っちゃいけません)、ちゃんと「愛し合いたい」と思うのなら、やっぱり愛について考えておくことも必要じゃないか、というだけなのです。

そこでわれわれとしては、上の問題にあった通り、愛というのを人間の間に成り立つ関係、特に相互的な関係だと理解したいと思います。それに対して、気持ちとしての愛のことを「恋」と呼んで、「愛」とは区別しておいたらどうかと思うんです。

もっとも、実際には愛と恋とは繋がっているでしょうし、語感の問題もあるので、以下では主に「恋愛」という言葉を使うことにしましょう。

4　同性間では？

「男女間で友情は成立しない」は、「男女間では恋愛しか成立しない」とセットになっています。一方、「男女間で友情は成立する」は、「男女間では友情も恋愛も成立する」と繋がります。どっちが正しいか。問題は「恋愛」と「友情」です。そして、舞台は「男女間」です。

でも、せっかくだから、「同性間」も入れてやったらどうでしょう。当たり前すぎて、わざわざ言うまでもないけど、「同性間では友情は成立する」はみんな認めるでしょう。では、同性間では恋愛は成立するでしょうか？　ほんとのことを言うと、「恋愛とは何か」が明らかになっていない今の段階でこれに答えるのは危険です。でも、みんなに聞いてみると、「同性愛っていうのがある」、だから、「同性間では恋愛も成立する」と言えるということになりました。これを一応認めておきましょう。

男女間の友情、これが成り立つかどうかが問題でしたが、これを考えていくと、それ以外の三つのパターンがあって、合計四つの場合が考えられることが分かります。つまり、A・異性間の恋愛、B・異性間の友情、C・同性間の恋愛、D・同性間の友情。で、「男女間で友情は成立しない」説はAとDは認めるけど、現実にあると思えるBとCを認められない。人間関係が半分になってしまう！

5　友情とは何か？

さあ、準備完了。そろそろ「恋愛とは何か」、「友情とは何か」を考えて、概念を作る段階です。

私は、ほぼ毎回、生徒さんたちに意見や感想を書いてもらってそれを読むのを楽しみにしています。面白いのは、答えが見つからない、と言って嘆いている人の書いたものを読むと、その人の書いたことのなかに、すでに答えか、少なくとも答えを見つけるためのヒントが書かれていることが多いことです。哲学の答えはどこにあるか分かりません。でも、遠いところまで探しに行かねばならないこともあるでしょうが、案外身近にあって、だから気づかないことだってあるようです。

例えば、友達に「男女間では友情は成り立たない」と言われた彼女は、自分は男女に関係なく友達がいる、と思っていたので、悩んでしまっているのでした。でもこの学生さんはここでとどまらずに、あれこれと書いてくれていました。そのなかに、こういう部分がありました。

「それまで男の子の友達はあまりいなかったけど、看護学校に入ってできた。それは、看護師になるという共通の目標がある仲間だからだと思う」

うーん、面白い。でも、本人はこれを何気なく書いているだけらしくて、ここにヒントがあることに気づいていません。ここに書いてあることは、まだ全部正しいかどうか分かりませんけど、ここから、「友達というのは、共通の目標のある仲間だ」という考えが引き出せます。うん、いけそうです。

ただ、これをもう少し整えておきましょう。例えば、遊び友達なんかの場合は、「共通の目標」というようなたいそうなものがあるわけではないかもしれません。でも、少なくとも「何か共通点のある仲間」と思っているのではないでしょうか。

6　恋愛とは何か？

これが「友達」というもののあり方なんだとすると、同性間では友情は成り立つ、でも、男女間で友情が成り立たないかもしれないという説が出てくるのも理解できます。だって、男同士、女同士だったら、はっきりと「性が同じだ」という共通点があるわけで、友達になりやすいわけです。一方、男女間では、少なくとも性は違う。だから、男同士、女同士の場合のように分かりやすい共通点があるか？という疑問が出てくる。でも、さっきの看護学生さんがヒントをくれたように、その共通点は、性別だけじゃなくて、別なものでもいい。彼女の場合は、「看護師になるという共通の目標」という形で見つかったわけですが、他にもいっぱいありそうです。つまり、友達というのは、何か共通点がある仲間、同類なんだと考えればどうでしょう。

とすると、恋愛の場合はこれと反対だと考えられます。つまり、友情が「同じだね」を基盤に成り立っているとすれば、恋愛は、「違う」ことを基盤にしている。こう書くと、何か納得できないと考える人がいるでしょうね。例えば、「違う、違う」とばっかり言っていたら、それは友達とか恋人というより「敵」になってしまいそうです。でも、「違うから向こうへ行け！」ではなくて、「自分とは違うから、自分はそれを求める」という場合が恋愛だと考えたらどうでしょう。

7　概念のたしかめ算

そう考えると、男女間でははっきりと性が違うので、お互いに違うところに惹かれて恋愛が起こるのはごく自然。われわれは男女が仲良くしていると、「カップルだな」と思ってしまいます。でも、それは単なるイメージによる偏見かもしれません。ほんとのほんとは違うかもしれない。彼らが仲良くしているのは、お互いを同じ、同等だと認めて、例えば同じ趣味を持っているとか、同じ目標を持っているとかかもしれない。そういう場合だったら、それは男女の間でも「友情」なのです。

逆に、同性同士で仲良くしている場合、共通点を持っている友達の場合もあるでしょうが、一方で、別にセクシャルな関係はなくても、「恋愛」の場合もあるかもしれません。つまり、お互いに自分の持っていないものを相手のなかに見ていて、それを求め合っているという場合ならね。

こうして、最初に出てきた問題は解決しました。つまり、異性間の友情も当然成り立つ。「異性間には友情は成り立たず、恋愛しか成り立たない」という考えは、現実をうまく説明できていないし、イメージや偏見に捕らわれていて、十分に考えられていない、ということです。

それに対してわれわれは、「性別に限らず、何らかの共通な点に基づく、あるいは同質な者同士の間で成り立つのが友情」、「お互いに異質で、だからこそ相手にあって自分にないものを求め合うのが恋愛」、と概念化したわけです。これなら、同性愛も、異性の友達も説明できます。つまり、イメージによるよりも、概念による方が、現実の本当のあり方をちゃんとつかめているわけです。こうして概念がうまく作れたかどうかが、いわば検証できたわけです。

8 イメージを取り除く難しさ、概念の自由

こうした授業を看護学校でやったわけですが、みんなが納得してくれたかというと、驚くことに、これがかなり納得してくれました。

でも、実を言うと、これは面白かったからと思って、次の年にもう一回取り上げたのですが、それはあまりうまくいかなかったように思います。

たぶん原因は二つ。一つは、二回目のクラスの場合、この話題は自分たちのなかから出てきたものではないので、単なる与えられた問題になってしまったからです。もう一つは、話を簡略化したために、現実をとらえるのを邪魔するあいまいなイメージを取り除く作業がうまくいかなかったせいです。

特に、恋愛というと男女間、そしてセクシャルな関係というイメージが強い。そのイメージに基づいてあいまいに考えてしまうと、現実をうまく説明できないし、うまく概念ができません。

イメージの力はかなり強くて、そこから自由になるのは難しい。「自由に想像する」などと言いますが、想像は実はかなり不自由なものになる場合が多いのです。

一方、「概念」とか「哲学」などと言うと、「堅い」とか「窮屈」というイメージあるかもしれませんが、むしろ概念的に考える方が、現実をちゃんととらえられるばかりではなく、圧倒的に自由に考えら

れる場合もあると、私は思っています。

【練習問題3：ラブゲームと『ライアーゲーム』】

みなさんのなかには、「自分は恋愛をしているけど、ここで取り上げてるようなことを考えたことがない」と思って、「恋愛」を自分の実感からイメージする人もいるだろうな、とも思います。「恋愛について概念的に考えるなんて！」という偏見が抜けない人もいるかも。だから、実は、このあとで、もう少し補足しておこうと思って、いったん書いたのですが、削ることにしました。それよりもみなさんに考えてもらった方が訓練になる、と思ったからです。でも、ヒントだけ書いておきます。

例えば、「男と女のラブゲーム」なんて言い方もあります（古い！）が、「恋愛はゲームのようなもの」という表現に違和感がありますか？　たぶん意見は両方出てくるんじゃないかと思うんですけど、それは、「恋愛」を巡るそれぞれの人の考え方とかイメージの違いから出てくるんだろうと思います。

じゃあ、こうして人の意見が違うときには？　そう、概念を使うのが有効でした。ゲームの概念についてはもうすでに考えましたから、みなさんで考えてください。

でも、恋愛がたとえゲームだとしても、それが「ライアーゲーム」（まえがき3）のようなものでないことを祈りたいものです。

『ライアーゲーム』に描かれているように、平気で嘘をついてゲームに勝つのは、とても「嫌なヤツ」です。「嘘をついてもよい」と言われても、人間には良心もあって、なかなかそれができません。一方、互いに信頼し合おうとしても、これもやっぱり難しい。でも、『ライアーゲーム』のヒロイン神崎直はそれに挑戦します。『ライアーゲーム』を、いわば「信頼ゲーム」に変えようとしていたわけです。

第九章　さまざまな愛のかたち

＊この章でも概念を分析したり対比したりといった、概念の操作をやります。

1　なぜ、男女間に友情は成り立たないと思えるか

上で、「男女間には友情は成り立たない」という考えは偏見だと言いました。でも、実は、この考えにはそれなりの理由があるのではないか、とも思えます。それは次のような場合があるからです。

例えば、東君と松下さんは二人とも経済学の勉強をしている仲間で、友達で、松下さんには恋人の工学部の大森君がいます。松下さんと東君はお互いに「友達」だと思っているのですが、それを脇から見ている大森君は、彼らは実はお互いに恋愛的な意味で好きなのではないかと、もやもやしている。

これは大森君の心が狭いわけです。でも、こういう状況は十分に考えられます。そうすると、松下さんは、ため息混じりでこう考えるのです。「私と東君は単なる友達なのに、大森君は焼きもちを焼いて

いる。やっぱり男女間に友情は成り立たないのかも？」

実際には成り立っているわけなのですが、それをそう思わせないような状況もある、ということです。

なぜこうなるのでしょうか。

2 愛と友情ではどちらが強いか

それはたぶんこういうことだと思います。人間の結びつき方として、恋愛と友情では恋愛の方が強いからです。なぜかと言うと、友情は何かの共通点による結びつきですが、恋愛はお互いに自分にないものを相手のなかに見ているからです。共通点はいろんな人との間にいろんな共通点を見つけることもできます。でも、恋愛の場合はそれとは違うのです。

友情の場合、友達同士はお互いに同等で、独立しています。でも、恋人同士は密接に組み合わされています。恋愛では、単に自分にないものを相手に求めるというより、それがないと自分が完全にならない、自分にとってどうしても欠けてはならない大事なものを相手が補ってくれる、とわれわれは感じているわけです。お互いに補い合う密接な関係ということで、「相補性」などと言います。

友情や会社や社会の場合と違って、恋愛の場合には、松下さんは松下さんで自分にとって大事なものを大森君に求め、大森君は大森君で自分にとって大事なものを松下さんに求めています。だから、恋愛の場合には、いわば結びつきが二重になっているわけで、だからこそ結びつき方が強いわけです。

だから、大森君が東君に嫉妬するのは、それだけ大森君にとって松下さんが大事な存在だということです。でも、それが行き過ぎて、大森君は松下さんを独り占めしたいと考える場合もあるかもしれません。そうすると、大森君は、松下さんが、たとえ友達だと言っても、他の男の子と一緒にいるのを快く思わなくなる。だから、松下さんにとっては、東君はあくまで友達なんだけど、大森君の気持ちを優先的に考えると、「やっぱり男女間に友情は成り立たない」、極端に言うと「男女間で友情が成り立ってはならない」と考えてしまうことになります。

だから、恋愛や友情が何かが分かっても、それにどう関わるかは、自分たちの問題なのです。

3　概念と現実

たぶん、恋愛と友情は、現実には複雑に絡み合っていて、例えば松下さんと東君の間は基本的に「友情的」なんだけど、そこに「恋愛的なもの」が全くないとも言えないでしょうし（こう言うと大森君はまた心配するかもしれないけど）、大森君と松下さんはみんなが認める仲の良い恋人同士なのですが、二人の間にどこか「友情的なもの」もあるかもしれないと思います。そして、友達から恋人へ、というように変化もします。

例えばいくつかのカップルがいて、彼らの間で、いわば「恋愛」の度合いの違いのようなものもあるだろうと思います。例えば、大森君と松下さんのカップルは「友情」よりも「恋愛」の度合いが大きいけど、中田さんと東君のカップルはどちらかと言うと「友達」的な要素が大きい、とか。

例えば、愛し合っている人たちが結婚するとします。「愛し合ってる」は「恋愛」でしょうが、「結婚する」となると、これは契約の一種で、つまり社会的な制度です。だから、社会に認知されるためにみんなに知らせます。「披露宴」というのはそのためのものです。でも、結婚しているからといって、愛し合っているとは限らないし（うわあ）、結婚しているからそれはもう愛し合っていない、ということにもなりません。当たり前ですが。だから、恋愛だけでなく、友情もあれば婚姻契約や家族関係など、多くのものが重なっていたり重なっていなかったりするわけです。われわれの生活は、単純に見えても複雑で、人によってその重なり方が違っている、これが現実ということなのです。

でもこれは、だから恋愛とかは人によって違う、恋愛は概念的にとらえられない、ということにすぐに結びつきません。いろんなカップルがいて、友情と恋愛の度合いには違いがあっても、そこには共通な「恋愛・友情の概念」が適用できるわけです。そして、こうして概念的に考えてこそ、われわれの現実の複雑さも改めて分かってくる。そうでなければ、ただもやっとしているだけです。

4 愛の分類その一

授業でこんな話をしていると、「友情っていうのも、友達に対する愛と言えるんじゃないですか？」という意見がありました。うん、なるほど。実際、「友愛」という言葉もありますしね。

だとすると、こう考えられます。ここでは「友情」と「恋愛」を一対と考えてきましたけど、「友情」を愛の一種と考えて「友愛」と呼んだとすると、広い意味の「愛」の概念には、「友愛」と「恋愛」がある、と言えることになります。

ここまで来ると、ちょっと欲が出てきます。正義について考えたとき、いくつかの種類が見つかったように、「愛」にも、もっと種類があるんじゃないか、と思えてくるわけです。

でもねえ、実を言うとここは難しいところなのです。正義に関して言うと、二〇〇〇年以上も前から比較的一定した考えがあって、われわれもそれを参考にしました。一方、愛はと言うと、一般的な分類はあることにはあるんですが、使えない、って気がするんです。こんなの。

哲学的愛／倫理的愛／宗教的愛／美的愛／自然的愛

「哲学的愛」っていうのは、プラトンの考えたやつです。哲学ってまさしく「愛」だったわけですけど、プラトンはそれを「完全で永遠な真理への愛」という形で取り出す。『饗宴』という本に出てくる、これが有名なプラトニック・ラブ。一般には、「肉体関係のない純粋な愛」をプラトニック・ラブって言ってると思うんですけど、プラトンが言っているのは、実は相手はもう人間じゃないんです。

「倫理的愛」っていうのは、人間同士の関係だから倫理的だと言われるんですが、その代表はアリストテレスが示したものです。でも、アリストテレスの記述も結構ばらばらで、一番近いのは、どうかなあ、われわれの言う「友愛」かもしれません。

「宗教的愛」っていうのは、キリスト教の場合。でも、これも相手は人間じゃありません。キリスト教では神様が第一に来ますから、愛も神のものです。神は無限なので、人間に無限な愛を注ぐ。それが溢れると、その人間から別な人間へも愛が流れる。でも、神から人への愛も、人から人への愛も、一方的で無償のものです。

「美的愛」っていうのは、文学とかドラマで描かれるような、純愛とかのことで、広く言えば恋愛です。「自然的愛」っていうのは、いわゆる性愛ですね。

何か分かるような気もするんだけど、結構ばらばら。

5　愛の分類その二

それというのも、これらはいろんな哲学とか宗教とか文学とかで考えられたものを寄せ集めたものだからです。だから基準がばらばら。分類としてはあまりよくありません。だからちゃんとした分類を考えたい。ちゃんとした分類になるには、網羅的でなければなりませんし、そのためには基準が一定していなくてはなりません。

まず、上の分類では相手が「永遠の真理」とか「神」とか出てきましたけど、やっぱり相手は人間に限定しましょう。でも、哲学的愛と宗教的愛には興味深いところがあります。「人間から真理へ」か、「神から人間へ」かの違いはありますが、両方とも一方的なのです。

われわれが考えた「恋愛」と「友愛」は、両方とも一方的なものではなくて、相互的なものでした。でも、「恋愛」は違う者同士の結びつきだったし、「友愛」は似た者同士の結びつきだった。そこで、こう考えたらどうでしょう。「違う／似てる」と「相互的／一方的」を分類の基準にするのです。そうすると、2×2で合計四つの「愛」ができることになります。つまり、(a)違う者同士の相互的な結びつき、(b)似た者同士の相互的な結びつき、(c)違う者同士の一方的な結びつき、(d)似た者同士の一方的な結びつき。

このうち、(a)は恋愛に当たります。(b)は友愛ですね。で、(d)はどうも考えにくい。似た者同士ならやっぱり相互的になるんじゃないかと思えるわけです。では(c)はどうでしょう。どんな例が挙げられるか、次を読む前に考えてみてください。

6 「慈愛」の輝き

さて、見つかりましたか？　違う者同士の一方的な結びつき。

そう、例えば親子の間の愛のようなものがそれに当たるんじゃないでしょうか。でも、それじゃあ(c)は親子愛？　でも、そうだとするとちょっと狭い。それに、こういう意見を持つ人がいるのです。「親子の関係は、愛というよりも、自然の本能によるものだと思います」。うん、なるほど。言い換えると、親子の関係だけを取り出すと、これは人間だけの話じゃなくてもいい。動物にだってあるだろうし、ということになる。

でも、ここはちょっと考えどころです。人間の場合には、親子で血の繋がりがあるから家族やってます、という場合だけじゃないわけです。例えば養子縁組で親子になってるとか。われわれが考えたのは、違う者同士の間で、一方的な愛、ということでした。そこからすると、親子も入るけど、例えば師弟愛とかもそうじゃないですか。もっと他にも見つかるかもしれない。

これは違うもの同士の間の一方的な愛だと考えました。親が子どもを愛する。師匠が弟子を愛する。親と子、先生と生徒は全く立場が違っていて、お互いに立場を入れ替えることはできません。うん、その通り、っていうか、当たり前ですね。でも、一方的だけに、これには難しいところがあります。場合によっては押しつけになってしまうからです。それに、一方的と言っても、子どもや弟子の方でも、親や先生を慕う、ということだってある。だったらこれは実は一方的ではない？　でも、親が子を思う愛と、子が親を思う愛とは、やっぱり違っているんじゃないでしょうか。

さて、そうするとこれは何と呼べばいいでしょう。私もあれこれ考えたんですけど、あまりいい名前が思い浮かばない。一つ考えたのが、「慈愛」です。でも、これだと、親の子に対する、先生の弟子に対する愛だけを指してしまう気がするんで、ちょっと違和感があるんです。だから、何かいい名前があったら教えてくださいね。

7　家族、会社、社会など

われわれは恋愛と友情から出発しましたけど、その延長で家族も出てきました。親と子は対等じゃないし、お互いに違っています。でも、互いに相手は特別な存在で、その関係はやはり「愛」でした。「共通な点がある仲間」という友情の関係を延長していくと、学校なんかも友情の場です。もちろん好き嫌いもあって、「あいつなんか友達じゃない」と思う人もいるかもしれないけど、同じように勉強する仲間です。競争することもあるかもしれないけど、同じ目標に向かって進んでいるわけです。

もっと広げると、会社なんかも同じ目標ということで結びついている組織だと言えるかもしれません。もっとも、会社になるとこれは上下関係があったりして、みんなが同等ということではなくなりますし、個人的な関係というよりは、公的な関係です。だから、これはもう友情の関係ではありません。でも、愛の関係というよりは友情の関係の方により近いでしょうね。

そして、こうした会社をもっと延長していくと、社会ができます。ここから分かりますが、社会はもう相当に複雑です。社会は、基本的に人間として対等な人たちの集まりですが、その結びつきは「共通な点がある」とか「同じ目標に向かって」というようなものではありません。だから、社会について考えるのは難しいわけです。恋愛や家族が、より自然な絆を持つとすれば、社会を一つにまとめる絆を見つけるのは難しい。だから正義にもいろんな種類が必要だったわけです。

8 「ひいき」はいけない？

でも、種類があるとは言っても、まとめて「正義」と言えたのは、それらが共通に「釣りあい」を含んでいたからでした。では、友愛や恋愛や慈愛が共通に「愛」なのは、いったい何によるのでしょう。

これは結構難しいです。しかし、少なくとも、これらの愛は三つとも、正義のように社会的な関係ではない。そして社会は、基本的に人間として対等な人たちの集まりです。それに対して愛の方は、対等でない関係も含んでいましたし、愛する対象を特別扱いします。極端に言うと、愛から見れば正義は「冷たい」、逆に正義から見れば、愛は「ひいき」のように見えるわけです。

そして、正義だけを重視すれば、愛なんか要らない、むしろそれは邪魔になる、ということになってしまいます。それを実際に主張した人がいました。一八世紀生まれのウィリアム・ゴドウィンという人です。ゴドウィンはだから、結婚というのもダメだと言うのです。それは社会のなかにありながら、特別な関係を作ってしまう。われわれは、ある人を他の人よりも優先するということ、つまり「ひいき」をしてはいけないからというのです。一人を一人以上に数えてはならないし、一人以下に数えてもならない。つまり平等に扱うべきだというのです。はい、これが次の章の課題。

【概念の実例3：いき】

日本の哲学者として最も有名で独創的だとされるのは、西田幾多郎です。概念をいっぱい作っています。

「絶対矛盾的自己同一」とか、「絶対無の場所」とか、「行為的直観」とか、もういっぱい。ですが、見た通り難しいです。そこで、ここではそれよりももう少し親しみやすいものを。

九鬼周造という人の「いき」の概念です。これは、江戸時代によく使われていた（今でも使いますが）「粋《いき》」のことで、反対は「野暮《やぼ》」です。とても日本的だし、感覚的な言葉なので、こんなのを概念にしようとは、普通は思いません。漢字でもなくて、ひらがなですから概念っぽくないかもしれません。そもそも、これは色街で使われていた言葉で、色っぽい言葉なのです。でも、九鬼さんはこれをやってしまいました。しかも、すごく明晰。

しかし、それというのも、九鬼さんという人は、ヨーロッパで哲学を学ぶ一方、日本の伝統的な文化に詳しく、というよりも、ぶっちゃけた話が、京都の祇園の色街から職場である京都大学に通ったというくらいの人なので、自分の馴染みのある言葉、感覚（九鬼さんはそれを「生きた現実」と言っています）をしっかりとつかみたいと思ったわけです。この本では、愛とかを取り上げてるのにあまり色っぽい話はできませんでしたが、参考までに。

『「いき」の構造』は、岩波文庫にも入っていて、現在でもよく読まれます。ネット上で「青空文庫」でも読めます。注と解説のついた講談社学術文庫版もあります。

第一〇章　イケイケ倫理学

＊この章では、倫理学のあり方について確認し、代表的な倫理学説の一つ、功利主義を見ます。

1　「どんとこい倫理学」を超えて？

倫理というのは、広い意味でゲームのルールのようなものでした。その代表が「正義」だった。正義は、それがないと社会や人間が成り立たない最低限の条件でした。

しかし、倫理をもっと積極的に考えられる可能性はないでしょうか。

正義についてお話ししていると、何と言うか、じれったい！と思う人が出てきます。倫理って、もっとこう、「おお、それがいい！」っていうようなものを示してくれたらいいのに！

ふふふ、それがあるのです。これは私の作った専門用語ですが（まだ学界では認知されてませんが）、最低限必要だよな、っていうのを「どんとこい倫理」と呼びます。どんなことがあっても引き受けてくれる頼もしいヤツです。正義とかはこれです。でも、もう一種類あって、それが積極的に「こうすればいい」というのを打ち出す「イケイケ倫理」です。ま、「消極的倫理」と「積極的倫理」と呼んでもいいですけど。

さて、イケイケ倫理、あるいは積極的倫理です。「最大多数の最大幸福」という言葉は、みなさんもどこかで聞いたことがあるんではないでしょうか。これは「功利主義」と呼ばれる倫理学説の基本原理（功利性の原理）で、これはまさしく「こうしていったらいいいんじゃない？」っていう積極的な提案なのです。そして、前章終わりに出てきたゴドウィンは、功利主義を極端に推し進めた人なのです。

2 電車で足を踏まれる：行為の意図と結果

例えば電車で足を踏まれたとします。痛いし、腹も立つかもしれません。でも、「いや、別に悪意でやったわけではないだろうし、ちょっとよろけたんだろう」と思って、普通は気にしません。相手が「すみません」とか言ってくれると、それで気も済みます。

でも、足を踏んできた人が女の人で、履いていたのがピンヒール、しかも私はサンダル履きだったとします。素足にぐさっ、と刺さって、血がどばっと出ます。骨も折れているかもしれない。それでも気の優しい人は我慢するかもしれないけど、痛いのは痛いし、医者にもかからねばなりません。

こうして見ると、われわれがある人の行いを評価するとき、二つの方法があることが分かります。一つは相手が何を思って行為したか、その意図で判断することです。これはとても大事だけど、残念ながら意図は相手の心のなかにあるので判断しにくい。でも、もう一つの方法、つまり行為の結果に目をつけるというやり方があります。これだと、よりはっきりと、客観的に評価できます。功利主義者はこれを重視する。その方が倫理学を科学に近づけられるからです。

3　倫理学的計算？

そして、それをできれば数量的に測りたい。善とか幸福とか、あいまいすぎて役立たないし、人によって違うとかいう意見もあるけど、人間はやっぱり快を求めて不快を避けようとするんだから、結果として得られる快を基準にして、それを点数で評価すればよい、というわけです。

そうなると、快がより大きくなればその方がよいに決まっている。しかも、それを社会全体に注目して、より豊かな社会にしたいと考える。これが「最大多数の最大幸福」という考え方です。くだいて言うと、「できるだけ多くの人が、できるだけ大きな快を得られるのがよい」という考え方です。

個人が得られた快を点数で評価し、それを合計していきます。そうすると、社会全体での快の総量が計算できます。これが「快楽計算」と呼ばれる考え方です。

分かりやすいと言えばこれほど分かりやすいものはないので、大きな影響を与えました。でも、気になるところがいくつかありますね。

4　功利主義の弱点

一つには、人間の求めるものは本当に「快」なのか、という点です。なかには、人間はもっと高尚なものだと考える人がいるかもしれません。単なる快の追求、欲求の充足だけなら動物と一緒じゃないか、とか。でも、人間は心の豊かさといったものも求めるけど、それは人によるわけで、快を求める、不快を避けるというのは、どの人間にも共通じゃないか、と功利主義者は言うわけです。

でも、もう一つ気になります。快とか、あるいは幸福といったものが、本当に数量として計算できるのか、という素朴な疑問です。

功利主義の特徴は、倫理学を全部こうした考え方で統一しよう、と考えたところにあります。功利主義は、かなり壮大な話なのです。これを考えたベンサムという人は、変な人と言えば変な人なんですが、面白いと言えば面白い人で、何というか、『デスノート』の夜神君と同じような「怪物」的な要素のある人です。だって、この考え一本で倫理学も社会の問題も全部解決できる、と大いばりなのです。それもかなり具体的で、学校の計画から刑務所の設計まで考えてます。

でも、快とか幸福の計算と言っても、それこそ人によって何を快と感じるかも違うだろうし、それをどんな風に感じるかも客観的に計れるとは思えない。これが一般的な感想でしょう（実際には功利主義もいろいろ工夫していますけど）。

こうしてみると、功利主義はたしかに考え方として極端ですが、功利性の原理そのものはかなり大事な考え方なのです。

5 トリアージ

例えばトリアージという手法があります。聞いたことのある人もいるかと思いますが、これは大事故の現場などで多数の怪我人が出た場合、限られた資材・人材のなかで、どの怪我人を優先して治療するのか決定する際に使われるものです。簡単に言うと、瀕死の重傷でもう助からない人、重傷だけど手当てすれば助かる人、軽傷の人、がいたとします。救急隊の人手が足りない場合、誰を優先的に手当てするか。答えは、重傷だけど手当てすれば助かる人です。瀕死の人や軽傷の人から手当てしていたら、助かるはずの人が助からないかもしれないからです。つまり、「より多くの人の命を救う」ということを考えると、そうするのが一番合理的です。「より多くの命を救う」、ここにある「より多くの」という価値観は功利性の原理によるわけです。

もちろん、瀕死の人も、痛いし苦しいし、このまま死ぬにしても誰かそばにいて欲しいと思うかもしれません。軽傷の人だって、死なないかもしれないけど、痛いのはとても痛い。でも、功利主義というのは、割り切って、他のことは考えないで、ともかく結果としてより多く、だけに集中するわけです。そして、トリアージの場合のように、そうすることが必要な場合もあるということなのです。

6　割り切り

実際に授業で、はい、田中君は瀕死の人、鈴木君は軽傷の人、というように割り振って、意見を聞いたことがあるのですが、どの立場の人でも、やっぱり、重傷だけど手当てすれば助かる人、手当てが遅れれば死んでしまう人を先に手当てすべきだ、ということは認めてくれます。

これはとても大事な点です。人間だったら自分を優先して欲しい、誰もがそう思うはずだ。現代ではそう信じ込んでいる人も多いようです。他人なんてどうでもいい、とまでは言わないにしても、やっぱり自分が大事だと。でも、こうしたトリアージの場合から分かることは、そうでない場合もある、自分を優先しないことをみんなが選ぶという場合もある、ということです。

自分を大事にすることは必要ですが（この点については、第一五章でもまた取り上げます）、それだけを考えていると、結局は自分にとっても他の人にとっても悪い結果を生むということになりがちです。だから、倫理の基本の一つは、自分から離れるというか、自分も他の人と同じ一人なのだと考えることです。功利主義はこの点を強調するのです。

でも、繰り返すと、これはこうした緊急事態だから仕方ない、割り切らなくちゃ、という場合には有効でも、これで全部を押し切るというのは、問題が多そうです（この点は第一七章でまた考えます）。

7　イケイケ功利主義

功利主義は有効な場面はあるけれども、いつでも有効だとは限らない。この章の冒頭に書きましたが、それは、功利主義がイケイケ倫理で、積極的に「これがいい」、「こうすればよい」というのを打ち出すからです。そうすると、功利性の原理以外のものが眼に入らなくなってしまいます。その結果、例えば公平さとか、愛とかが押しのけられる。だから、その分だけ「押しつけ」っぽくなるわけです。

その意味で言えば、功利主義と宗教は似ているところがあります。功利主義は、基本は合理的であることを目指した考え方ではあるし、宗教とは全然違いますけど、でも、この「イケイケ」のところでは似ている。そう、宗教とはイケイケ倫理のことで、イケイケ倫理を求めると宗教っぽくなるのです。

倫理学の示すもの、われわれが見てきたものは何だかスカスカな感じがする。そう感じる人は、もっとこう、われわれの生き方の指針を示して欲しい、とか思っちゃう。しかし、倫理学も、昔はそういうところに踏み込んでいたのですが、今はあまりやりません。なぜかと言うと、それをやると宗教に近くなるからです。そうでなくても「押しつけ」になるからです（この点は第一八章で再び）。

8　功利主義と愛

話を戻すと、功利主義というのは、過激になると、われわれの生活のかなりなところまで踏み込みます。さっき出てきたゴドウィンです。

上に見ましたが、トリアージの場合に大事になるのは、助けられる命の数で、そこで助かる、助からないのが「誰か」ということは問題にしません。だから、自分が救助班で現場に駆けつけたら、そこで傷ついて倒れているのが自分の恋人だったら、とかいうことも考えられるのですが、功利主義者、特にゴドウィンのような原理主義者は、身近な人間だから優先するというのはダメだ、と言うのです。

トリアージのような場合では、その通りだと思うのですが、ゴドウィンはどんな場合にも功利性を重視すべきだと考えました。だから、結婚なんていうのは最悪で、人を縛ってしまって、より多くの幸福を得ることを邪魔してしまう、と主張しました。

ところが、です。もう察しがつくかもしれませんが、すごく分かりやすい事件が起こりました。ゴドウィンは、ある女性と恋に落ち、結婚しようと言われて、あれあれ、本当に結婚してしまうのです。ですから、功利主義者の人たちは、その辺をできるだけゆるくして、妥協的な解決策も模索したりしますが、功利主義は大事な考え方ですが、やはり、人間はそれだけで生きているのではないようです。

【概念の実例4／練習問題4：徳】

「正義とは人びとの間で成り立つ関係」と書きました（第六章5）が、別な風に考えることも可能です。「正義とは「正しいこと」。でも、「正しい文章の書き方」とかは、正義の問題ではないですよね。つまり「正しいこと」の全部が「正義」なのではない。普通に考えると、正義に関わると思われるのは、ここで取り上げた社会的なものの他には、人と行為の「正しさ」です。「河内君のしたことは正しい」、「河内君の行為は正義だ」とか、「河内君は正しい人だ」、「河内君は正義の人だ」。

実際、正義とは、ある人に属する特性、特に優れた特性だとする考えがありました。こうした「優れた人間の特性」が伝統的に「徳」と呼ばれてきたものです。

でも、厳密に考えると、「人が優れた徳を持っているかどうか」を判定するのはとても難しい。田中さんが善いこと、優れたことをしても、田中さんが本当に徳を持ってるかどうか分かりません。身も蓋もないことを言うと、田中さんが自分をよく見せかけようとしただけかもしれない。そこまで言わなくても、分かるのは「田中さんは徳がありそうに見える」ということだけ。そのため、「徳」という考え方は哲学や倫理学であまり使わなくなりました（心理学で言う「性格」概念に移行した）。

近代、功利主義など分かりやすい考えが登場したのはそのためですが、現代では、やはり徳の倫理のような考え方が重要なのではないか、と考えられています。何より便利なのは、功利主義なら功利性の原理一つだけで押し切りますが、徳にはいろんな種類が考えられるからです。そこで、練習問題ってほどじゃないですが、徳、つまり人間の優れた特性にはどんなものが考えられるでしょうか？

第一一章　恋愛と宗教！

＊概念が正しく作れたら、そこから世界全体を見て哲学を作ります。
この章ではその準備として、概念を拡張するという試みをします。

1　なぜ美人と不細工な男がカップルなのか

愛についてあれこれ考えてきましたが、でも、恋愛と哲学は違う！　なんていう意見はどうしたって出てくるわけで、一つもう少し具体的な場合を考えてみましょう。また松下さんと大森君に登場してもらいます。松下さんは結構美人で、他の男の子にも人気があります。一方、大森君は、あまりさえません。自分でもそれが分かってて、だから余計に心配になるわけです。

こういうことを言うのは何ですけど、あくまで一般論ですけど、こういう「不釣りあい」なカップルというのはよく見かけます。別にルックスだけの話ではなくて。あのカップルは性格的に全然違うのになあ、とか、夫婦で趣味も何も全く一致していないように見えるけど……というような。

でも、第八章で作った「恋愛の概念」を適用して考えてみると、それが全然不思議でないことが分かります。だって、彼らはお互いに相手のなかに、自分にはない、そして他の人にもない大事なものを見ているからです。この点でも、われわれの概念が有効なことが確かめられます。

例えば、松下さんに、「あなたのようなきれいな人が、なぜあんなさえない大森君と付き合っているの?」と聞いたとします。たぶん彼女はこう言うでしょう。「あなたには分からないだろうけど、大森君にはいいところがあるのよ。私にはそれが分かるの。うふふ」。

のろけられてしまいました。不釣りあいな二人。社会で不釣りあいが起こると、不正になってしまいます。正義ではないわけです。でも、恋愛の場合には、正義なんか関係ありません。「不釣りあい」なんていうのは、松下さんと大森君のカップルをよそから見ているだけの傍観者の言うこと。本人たちにとってそれはどうでもいい、余計なお世話です。でも、この松下さんの言葉には、それ以上に考えるべき点があるんじゃないかと思うんですが。

2　あの人にはいいところがある?

考え方は、たぶん二種類あります。一つには彼女の言うことを素直に受け取って、「なるほど、自分には分からないけど、大森君にはやっぱりいいところがあるんだろうな」と考えることです。もう一つには、ちょっと意地悪く、「本当に彼にはそんなにいいところがあるのだろうか」と考えることです。

二つ目の見方は確かにちょっと意地悪い見方だし、みなさんは一つ目の見方の方がいいと思うかもしれません。私もできればそう思いたいです。でも、前提はこうでした。残念ながら、今のところ松下さん以外の誰も彼のいいところが分かっていない。では、やっぱり大森君にいいところなんてなくて、彼女はごく単純に勘違いしているだけなのかもしれない。

そうかもしれません。でも、三つ目にこう考えることができます。つまり、「ある」とか「ない」とかじゃない、大事なのは彼女が、他の誰でもない大森君のなかに「いいところ」つまり価値を見出している、発見しているということです。

たぶん彼女は、「彼のどこがいいのよ?」と言われれば言われるほど、彼に固執することになるでしょう。彼女が認めなければ、誰も彼のいいところを見つけてあげられないからです。逆に、松下さんが、大森君にはいいところがある、彼には愛されるだけの価値があると強く確信していれば、その価値は彼女だけのもので、他の誰にも邪魔されずに自分のものにできるわけです。

3　名前のない概念

こうしたことは恋愛に限らず、他の場合でもあることだろうと思います。

例えば、松下さんのお父さんは骨董が好きです。松下さんはお父さんが大事にしている壺とか皿とかを見て、いつも思います。

「こんな汚い壺のどこがいいんだろう?」

これが、松下さん自身に向けられたさっきの質問と同じであることはすぐに分かります。つまりお父さんもさっきの松下さんと同じことを言うだろうということです。

「お前には分からないだろうけど、この壺は名人の作で、しかも残っている数が少ないんで、とても貴重なんだ。お前には分からないだろうけどね。この色合いなんて、何とも言えないんだよ」

お父さんは「お前には分からないだろうけど」を二回も言ってしまいました。それは、お父さん自身はこの壺の価値を深く確信しているからです。

私はさっきの松下さんの態度、ここでのお父さんの態度には共通なものがあると思います。だからこれを一つの概念にしたいと思うのです。でも、これを何と呼べばいいのか分かりません。うまい言い方が見つからないのです。「正義」とか、「恋愛」とか、「友情」とか、今まではすでに名前の付いているものを概念として整えて、明確にしてきました。でも、今回のように、みんながよく使っている名前がなくても概念を作ることができます。

4　恋愛の相互性と難しさ

ただ、ここで違和感を覚える人がいるかもしれません。というのは、松下さんの好きな大森君、そして大森君は大森君で松下さんが好き。でも、お父さんがいくらその壺が好きでも、その壺がお父さんを好き、というのは無理があります。この点で骨董趣味と恋愛は違います。

つまり、骨董趣味ではお父さんと壺の関係は一方的ですが、恋愛は、理想的に、うまくいっている場合には相互的になります。理想的にいってれば？　そう、ここに恋愛の難しさがあります。だってそうでしょう、松下さんは大森君が好きなのに、大森君は松下さんを実はそれほど好きではない、ということだってありうるからです。でも、本当のことを言えば、松下さんの大森君への気持ちと大森君の松下さんへの気持ちを比較することはできない。それどころか、松下さんは大森君の、大森君は松下さんの気持ちをどうしたって目に見える形で確認することはできないのです。言われてみれば、ごく当たり前のことですけどね。われわれが恋愛で悩むことの大半はこの点が原因なんじゃないかと思いますね。

では、われわれが上で発見したと思ったのは間違いだったのでしょうか。いや、そう考えなくてもいい。むしろわれわれがここで発見したのは、恋愛と骨董趣味が同じである、ということではなくて、恋愛している人と、骨董趣味の人に共通に見られる特徴だと言った方が正確です。

5　概念に名前を付ける

哲学者が作る概念には、言葉はもうあるけど、ちゃんと使うために概念として鍛えて作ったものと、今まで誰も考えてこなかったようなことを表現するために、言葉から作り出すという場合があります。

後者の代表的な例として現代フランスの哲学者デリダの作った「差延」があります。

フランス語ではdifféranceと書き、これは「差異、相違、違い」という意味のdifférenceから作られたものですが、フランス語では発音は同じになるのが味噌です。今ではフランス語の辞典にも載っています。これでデリダが言いたかったことは、すっごく難しいので、説明は飛ばします。

われわれもここで、名前を付けたい。でも、その辺にある名前ではダメです。「人には分からない価値を自分で見出す」ことに、「横山君」なんて名前を付けると混乱します。それなら、「へのへの」の方がいい。結構気に入ったので、「へのへの」にします。

さて、次に考えたいのは「へのへの」をもっと広げてみることはできないか、ということです。つまり、小難しく言えば、「概念を拡張する」のです。

6　概念を拡張する

今までは概念を他の場合に適用する、ということでしたが、ここでやるのは、全然違うと思われているけど、実は構造的に同じではないかと思われる場合を探して、元の概念の使い方を広げよう、というのです。だから、単なる概念の適用ではなくて、「概念の拡張」と言った方がいいと思います。

例えば、正義の概念を作った際には、大貫君が田中さんからお金を奪ったのを正す、大貫君が溝口君を殴ったのを正す、テストの採点を適当にしてはいけない、といった例を考えました。いずれの場合も、釣りあいをとることが求められていて、これが「正義」らしい。

こうして概念ができると、次にはそれを別な場合に適用することができます。例えば、税金を集めるのも公平にしなければなりません。その場合、「全員一人当たり一〇〇万円の税金」ということになると、収入の少ない私などは生活できません。一方、日産の社長のカルロスゴーンの、二〇一一年分の報酬は九億八七〇〇万円とかです。それでも税金一〇〇万円だとすると、ゴーンさんにとってははした金です。これでは税金の取り方は不公平です。税金の取り方にも「正義」が関わっていて、納める税金はそれぞれの人に合わせて釣りあいがとれていないといけないことが分かります。これが概念の適用の例です。

でもさっきは、恋愛のなかから見つけた概念を骨董趣味の場合に当てはめて同じ構造が見つかったのでした。とすれば、この構造がもっと全然違った別の場合にも使えるかどうかを考える。それによって、概念を拡張してみよう、というわけです。

7　恋愛と宗教

私は哲学、倫理学の授業の他に宗教の授業もやっています。私自身は特定の宗教の信者じゃないのですが、宗教には大事な点があると思っています。でも、多くの学生さんが宗教に関して疑問に思うのはこういう点です。つまり、「なぜ人びとは宗教なんていうばかばかしいものを信じるのでしょう?」。

なるほど、キリスト教の場合、聖書を読むと、キリストはマリアという処女から生まれたとか、水の上を歩いたとか、病人に触れるだけで治したとか、死刑になって三日たって蘇ったとか、そういう信じられないようなことが書いてあります。信者でない人にとっては、それこそばかばかしい。

でも、もう気づいた人もいると思いますが、この疑問は、さっきの松下さんに対する「あなたのようなきれいな人が、なぜあんなさえない大森君と付き合っているの?」という疑問、松下さんのお父さんに対する「こんな汚い壺のどこがいいんだろう?」という疑問と同じです。

そうなると、「なぜあなたは、宗教なんていうばかばかしいものを信じるのですか?」という問いに対する答えも、松下さんやお父さんの答えと同じになることが予想できます。つまり、「あなたには分からないだろうけど、私にはこの宗教のいいところが分かる」、というわけです。こうして、「へのへの」概念は、恋愛や骨董趣味だけではなくて、宗教にも当てはまることが分かったわけです。

8　なぜ十字架がキリスト教のシンボルか?

恋愛と宗教なんて、全然違うじゃん、と思う人も多いと思います。その通りです。でも、そのあり方には、全く同じ構造「へのへの」が見られました。

ここから考えると、次のような疑問が解けます。例えば、キリスト教のシンボルはもちろん十字架で、キリストがハリツケになったものです。十字架に打ち付けるために手のひらと足首には釘が刺さった様子が描かれたものもあります。グロテスクと言えばグロテスク。なぜこんなものがシンボルになっているのか？　それにはキリスト教の教えの内容が関わっているわけですが、われわれは「へのへの」を通して、こう理解できます。

「イエスはこんなに情けない弱々しい姿だけど、私（信者）には彼のことが分かる。そして彼も私のことを分かってくれている」

これは松下さんが大森君について言っていたことと同じです。もしイエスという人が、立派な姿で描かれていたら、われわれもそれを「立派だなあ」と思えます。「立派だなあ」って思って、でもそれだけです。みんながそれを認めているわけで、いわばその価値は客観的です。でも、イエスは全然立派そうに見えなくて、でもだからこそ信者はイエスという存在に限りない意味を見出す。それはその人自身が自分で見出したものなのです。そして、だからこそそれはその人にとって何より大事な、自分と切り離せないほど大事なものになるわけです。どうですか？　宗教と恋愛ってそっくりでしょう？

9　主観的な価値と客観的な価値

ちょっと極端に書いたかもしれません。

骨董の場合だって、松下さんはお父さんの壺の価値が理解できませんでしたが、骨董商の人はその価値をちゃんと理解しているし、本物だったら値段も付いている。だから、ものごとには、みんなが認めるような客観的な価値と、その人にしか理解できない主観的ないし主体的に見出される価値という二つの側面がある、と言った方がいいかもしれません。

価値というのは、われわれ人間が判定してつけるもので、その意味では物そのものに価値が属しているというのは変な見方です。でも、それを誰もが認められるとすれば、やっぱり客観的と言いたいような性格が備わります。特に値段が付くとなると、ますます客観的に見えます。でも、一方で、値段なんかにかかわらずに、自分にとってはそれが大事という側面だってあるのではないかと私は思います。

骨董好きのお父さんのなかにも、たぶんこの二つが共存しているんだろうと思います。松下さんの疑問に対しては、「お前には分からんだろうが、これには価値が……」と言うかもしれません。でも、骨董の専門家が見て、「これは偽物ですね。値段をつけろと言われても、ゼロ円としか言いようがありません」と言ったとすると、お父さんはやっぱりがっかりするかもしれません。でも、気を取り直して、「たとえ値段がつかなくても、誰も認めなくても、俺はこの壺が好きなんだ」と思うかもしれません。

でも、客観的な価値の方が分かりやすいし、流通しやすい。逆に主観的な価値なんていうのは、意味があるのか、と現代のわれわれは考えるようになっているきらいがあります。「値段なんかつかなくても俺はこれが好き」なんていうのは、負け惜しみだと思われるかもしれない。でも、すべてが客観的に評価できる、なんていう方が甘い気がしますけど、どうでしょう?

【コラム５：ソクラテスはなぜ死刑になったか？（宗教・教育・倫理）】

倫理学の出発点になった（第四章1）とはいえ、ソクラテスの偉さはなかなか理解しにくいところがあります。本を書いたわけでもなく、「善とはこうだ！」という答えを示したわけでもない。逆に、ソクラテスの得意技は、人びとが無意識に持っている意見にきついツッコミを入れることでした。

「人間はどう生きるべきか？」を問うたソクラテスが登場するまで、人びとが生きる支えにしていたのは、昔からの言い伝えとか宗教的な教えとかでした。これらは「なぜそうなの？」と問うことができません。「それはわしのおじいさんから聞いた話だ、みんなそうやってきたんだ」とか「神様の教えだからだ」と言われるくらいです。そう答えてもらっても納得できないとすればどうするか。そう、自分で納得できるように考えるしかありません。これが倫理学の基本です。

私は、昔からの教えにはなかなか大事なところが含まれていると思いますが、納得できなければ、そうしなくてもいいんじゃない？　ということにだってなるわけで、その点で倫理学と宗教ははっきり対立します。宗教や伝統の立場からすれば、「ソクラテスなんかが登場したから、最近の若い者は理屈ばっかり言って反抗しよる！」となる。ソクラテスが死刑になった理由の一つはここにあります。

でも、もう一つそれとつながった理由がありました。「若者たちに悪影響を与えた」というのです。教育学の祖ソクラテスがなんで？　自分でもぜひ調べてもらいたいと思いますが、簡単に言うと、ソクラテスが若者たちに分かりやすい「答え」でなく、「自分で考える」ことを教えたからです。

パート4

哲学のかたち：世界観を組み立てる

第一二章　神と錬金術師の経済学

＊ここでも、概念を使う練習。概念を拡張したり分析したりして、世界観を作る準備をします。

1　完全な正義

正義から愛、愛から宗教まで行ってしまいましたが、もう一度、正義に戻りましょう。正義について、説明が途中になっていたところがあるからです。それは、正義に完全な正義はあるか、絶対的な正義はあるか、というところです（第七章2）。

正義とは「釣りあいをとること」だったわけですが、それはいわば理念、つまり、そこに向かって努力するという努力目標です。そして実際には、「完全な正義」とか「絶対的な正義」なんていうのが実現することはありません。だって、人が殺されたことに対して、何で釣りあいがとれるでしょう。犯人を死刑にすればいい？　でも、たとえ死刑にしても、殺された人が戻ってくるわけではありません。

「えー、だって『正義なんてない』っていうのは間違った考えだって言ってたじゃん」と思う人がいるかもしれません。そうです。でも、注意してください。「正義の概念」は上に見たようにはっきりしているのです。でも、正義が難しいのは、それを実際の場面に適用するときにいろんな問題が起こってくることなのです。それに、「バランスをとる、釣りあいをとる」と言いましたが、人間たちの間で起こることは、はかりで計れるものばかりではありません。というより、人間の間で起こることには、数量として計れるようなものの方が少ないんじゃないですか?

これは正義の概念がない、ということでもなければ、正義の概念が機能していない、ということでもありません。そもそも、何でもかんでもきちんと数量で計れるはずだ、そうでないとちゃんと釣りあいがとれない、と考える方がおかしいわけです。

でも、そう考える人がたくさんいるのには、それなりの理由があるのだろうと私は思います。ただ、それを説明するには、少し回り道が必要です。

2 正義と経済

第九章で愛の分類を考えました。これを正義でもやってみましょう。

前にこういう例を考えました(第六章6)。大貫君が田中さんから一〇〇円を奪う。これは不正だと。でも、実はこういうことだったと考えてみましょう。

大貫君はきれいなノートを持っていて、田中さんがそれを欲しがります。大貫君は、これは使っているからダメだけど、ウチにもう一冊あるから、それを一〇〇円で売ってあげる、と言ってお金を受け取ります。帰りにそのお金でチョコを買って食べながら帰ってみると、あると思っていたノートがありません。結果として、大貫君は田中さんから一〇〇円奪ったことになる。これはもちろん不正です。大貫君には少しかわいそうだけど。

でも、もし大貫君のウチにノートがちゃんとあれば、大貫君と田中さんの間で交換が成立していました。でも、それが成り立たなかったから、不正なことが起こりました。一方的にお金を受け取るだけ、これでは交換にならないで、不正です。ちゃんと交換が成立していれば、それは正義にかなったものであることになります。こういうのを「交換の正義」と呼んだりします。

3 正義と法

正義が必要になった他の場合を思い出してみると、犯罪者を裁いて罰を与える、というのがありました。これは「調整の正義」とか「是正の正義」とか呼ばれたりします。

例えば、裁判所の前なんかに、女神の像が建ててあることがあります。あれはユスティティアという女神なのですが、ユスティティアとはラテン語で「正義」のことです。そして、この「正義の女神」が手に持っているのが天秤です。つまり、片方の皿に罪を乗せ、もう一方の皿に罰を乗せて、両方の釣りあいをとる。こうして正義を実現するのが裁判所の役割です。「交換の正義」が経済の領域のものだとすると、「調整の正義」は法律の領域での話なのです。

4 正義と政治

さらに、給料をどう決めるか、というような場合。ここでも正義が成り立っているのが望ましいわけです。こういうのは「分配の正義」とか「配分の正義」と呼ばれます。

税金の集め方、また集めた税金をどのように使うか、どの分野に分配するか、というのも同じ。そしてこれは、政治の領域で問題になります。実際、政治家の先生方がやっているのは、一つには法律を作ることですが、もう一つは国のお金をどこにどれくらい使うか、つまり予算配分を決めることです。政治家というのは基本的に、自分がよいと思った方法で分配しようとしますが、別な考えの政治家もいて、そこで綱引きが行われる。これが政界のあり方です。

分配するときに公平さが重要になるのは言うまでもないですが、この公平さはつまり正義の一部でした。正義というのは釣りあいがとれていることでした。それははっきりしています。でも、そうした正義の概念ははっきりしていても、それを適用するのは別の問題なのです。

5　正義の比率

こう言えばいいでしょうか。正義は釣りあいをとることでした。でも、実際に釣りあいをとるときに必要なのは？　そう、比率です。

例えば、税金は公平に納めてもらうのがいいわけです。それは分かっています。でも、どうしたら公平になるか。例えば、現在の日本では累進課税を導入しています。つまり、収入の多い人はたくさん税金を納め、少ない人はあまり納めなくてもよい。でも、その比率をどうするか。これが難しい。実際には、その時々の経済情勢とか、人びとの収入の分布といったものを考慮して比率を変えています。

それどころか、上に見たように、まさしくその比率をどうするかについて、政治家たちは対立したりします。ある人は福祉にもっとお金を使え、と言うし、別な人はいや防衛費を多くしろ、と言います。そして、その対立が終わりそうになければ、しょうがないから多数決を採ります。政治にとっては決断が大事です。むりやりにでも決めなければならないことがあります。だから、多数決というのは最善の解決法ではなくて、そうでもしなければ解決がつかない問題があるときに使うものなのです。

「正義なんかありえない」とか、「正義なんて変わるし」と言いたがる人は、そうした状況から考えてしまっているのです。変わるのは、釣りあいをとるための比率、正義を実現するための手段であって、正義そのものではないのです。そして、比率は多数決で決めなければならないとしても、正義の概念を多数決で決めることはできません。「正義って誰が決めるのですか？」という質問もよくあります。正義の比率は政治家が決めたり、法律家が決めたりします。でも、正義そのものは決めるものではなく、そうでなければ社会が成り立たないものとして、考えることで見出せるものなのです。

6　等価交換

正義は経済、法、政治というように、社会の基本の要素すべてに関わっていました。正義というのは実際、とても範囲の広いものなのですね。

でも、ふだんの生活のなかでは、法律とか政治とかは少し遠い感じがします。それに対して経済は日常生活する上で切り離せないところがあります。それに、法や政治の領域では、釣りあいを取るための比率を決めるのが比較的難しい。だから法律家や政治家といった専門家がいますし、専門家がいてもあれこれともめます。われわれもそれに不満を述べたりします。それに対して経済はどうか。買い物をはじめとして、経済的な交換にはわれわれも毎日関わっていて、しかも比較的スムーズにいきます。

でも本当は、交換もそんなにうまくいくはずはないのです。交換する場合、同じものを交換しても仕方ない。交換するのは自分の持っていない別なものが欲しいからでしょう。だから、交換はあるものと別なものを交換するわけです。例えば、リンゴ農家の人は、ご飯も食べたいから、リンゴとお米を交換したい。お米農家の人はリンゴも食べたい。じゃあ交換しましょう。

正義が成り立つためには、そこで釣りあいをとらなければなりません。でも、リンゴとお米は全く違っています。違ったものの間で釣りあいをとるにはどうしたらいいか。そうです、共通な尺度があればいいわけです。それがお金と呼ばれているものです。リンゴもお米も、ノートも、エステティシャンのサービスも、全部をいったんお金に換算して、その上でわれわれは取り引きをしています。だから「正当な交換」が成り立つわけです。これが「等価交換」というやつです。

7 『鋼の錬金術師』と経済というフィクション

私が『鋼の錬金術師』に興味を持ったのは、この点に関わります。というのは、アニメ版の冒頭で「等価交換の法則」とか言っていたからです。

でも、お金という基準を取り除いてみると、いわゆる「等価交換」でも、本当は全く違ったものが交換されているわけで、ほんとに釣りあいがとれているのかどうか分からない。つまり、経済というのは、社会を成り立たせるためのフィクションなのです。われわれはあまりにもお金の存在を当たり前に思っているので、「本当は違っているんだけど」という前提を忘れてしまっています。だから、何であれ、経済以外のものに関しても釣りあいがちゃんととれていなければならない、お金で計れるように、ちゃんと釣りあいがとれるはずじゃないのか、罪と罰は等価でなければならないし、分配は完全に公平でなければならない、と思ってしまうわけです。

さて、だいぶ回り道しましたが、この章の頭に出てきた疑問への答えがこれで出ました。経済的な交換も正義でなければなりませんが、われわれは逆に、経済から正義を考えてしまうようになった。そして、等価交換というフィクションを、さらに世界そのものの原理であるかのように思ってしまっている。だから、何でもかんでもきっちり量れなければならないと思ってしまっているわけです。こうした時代だから、それを元にして『ハガレン』のような作品もできるのです（もっとも、『ハガレン』で「等価交換の法則」と呼ばれているのは、実は等価交換じゃなく、「無から何も生じない」ということで、つまりは「物質保存の法則」のことなので、言葉遣いが少し雑)。

8　天国と地獄の経済学

さっきは正義を、経済、法、政治といった領域にも発見したわけですが、「へのへの」の概念を恋愛にも宗教にも見出したように、正義の概念をもっと別なところに発見できるかもしれません。

例えば、誰かが功績を上げたら、その人には報償があればいい。誰かが罪を犯したら、罰せられるべきだ。そうでないと釣りあいがとれない。われわれはそう考えます。ここで正義が必要とされるわけです。でも、世の中はそんな風にすべてうまくいくとは限りません。例えば私のようなすごくいい人が不幸な生涯を送ることもあれば、悪人がのうのうと長生きするかもしれない。だとすれば、この世でとれなかった釣りあいを、あの世でとれるのだと考えれば、とても合理的です。つまり、そうして考えられたのが天国と地獄であるわけです。

天国と地獄というのは、もちろん、この世で悪いことをしないようにと、脅し（地獄）とご褒美（天国）として考えられたものでもあるでしょう。でも、この世があまりにも不釣りあいで不合理に思えるから、それを合理化しようとするためのものだったと理解することもできます。もっとも、天国や地獄があるっていう主張そのものには、合理的な根拠は挙げられないわけですが。

実際、昔の人は、一日を振り返って、今日はどれくらい善いことをしたか、悪いことをしたかを記録する帳面を作ったりしていました。死ぬときになってそれを見れば、自分が天国に行けるのか、地獄に行ってしまうのか分かるからです。実はこれが帳簿、簿記の起源だそうです。天国・地獄と経済とは密接に結びついているわけです。そして、両方の関係を教えてくれるのが、正義の概念であるわけです。

9　神様とお金

近代から現代にかけて、こうした宗教的な観念は徐々に衰えていきました。そして、どっちが原因で結果か分かりませんが、そうした絶対的な基準としての神様という考え方の衰退と、新たな基準としてのお金の影響力の強まりは繋がっているようにも見えます。つまり、現代の貨幣経済というのは、宗教でないようなふりをしていますが、かつての宗教の代わりを務めている、と言えるかもしれません。実際、拝金主義という宗教もあって、これを信じている人は現在でも多くいますもんね。

もちろんこれは皮肉な言い方です。私のようにお金のない者の、お金持ちに対する嫉妬というか僻《ひが》み。

正直、私だってお金があったらいいなとは思うわけです、マジな話が。もっとも、お金を儲けるのに一生懸命になるくらいなら、別なことをしたいなとも思って、相変わらず貧乏ですが。

拝金主義は確かに宗教に似ていますが、もちろん違うところもあります。宗教の場合、われわれがどうすべきかを神様、教祖様が教えてくれます。ありがたいことです。でも、それに従わないと地獄に行くぞ、罰が下されるぞ、という脅しもつきます。つまり、宗教の教えは「こうしたらいいよ」というよりは、「こうしなさい」という命令だし、従わない場合は制裁もある「強制」なわけです。

それに対して、お金があれば、宗教の場合とは違って、むしろ自由を得ます。自分で自由にお金を稼いだらいいわけで、稼いだお金は自分で自由に使うことができる。そういう意味では、「自分の思い通り生きたい」と考える人にとっては、神様よりもお金の方がいい、ということになります。もっとも、せっかく哲学をするのなら、それは本当に自由なのか、といったことも少し考えた方がいいかもしれません。実際われわれは、「お金に縛られる」というような言い方をしたりもしますしね。

【コラム6：マネーゲーム、あるいは「先生はサービス業？」（経済・教育・倫理）】

お金があれば、いろんなことができますし、それで自分の好きなことができる、だから自由になれる。でも、逆に言うと、お金がないと好きなことができないし、そもそも現代ではお金がないと生きることもできないくらいになってしまっています。だから、お金を稼がざるをえない。そういう意味では、「お金に縛られる」ことになるわけです。

でも、「お金を得ること」は必要ですが、われわれにとってそれが生きる目的になるのかというと、ちょっと考えてしまいます。実際私は、さっき「お金を儲けるのに一生懸命になるくらいなら、別なことをしたいなとも思」うと書いてしまいました。

別なこと？ そう、哲学とか。でも、お金はやっぱり必要。だから教師をしているのですが、すると「先生はお金のために講義をしているのですか」と質問されたりするわけです。トホホです。教育も経済活動（サービス業）というわけでしょうか？

前に見たように（第二章7）、人生は目的が決まっているわけではないので、ゲームではない。でも、経済はゲームとして成り立ちます。マネーゲームなんて言いますが、それは、法律とか倫理というルールがあった上で、「お金を儲ける」という目的が決まっているからです。だから「勝ち組」「負け組」なんていう言葉もできる。もちろん、このゲームは人生の一部にすぎません。でも、たくさんのお金が必要かどうか分からないけど、ないよりあった方がいいし、ないと困る。だから、まずわれわれはお金に注目する。そうなると、ほんとは手段にすぎないお金が目的で、人生全部が経済であるかのように思えてしまう。これが「お金に縛られる」の正体です。お金って難しい！ いや、難しいのは人生か？

第一三章　世界を開く

＊この章では、われわれの哲学のやり方を再確認しておきます。

1　あるんだかないんだか分からないものでも理解できる？

とうとう天国や地獄なんていうのまで出てきてしまいましたし、だいぶとっちらかってきましたけど、この話は閉じられるのでしょうか！　いや、ともかく行けるところまで行ってみましょう。天国や地獄なんか、あるんだかどうか分からないんだから、そんなものを考えても仕方ない、と言う人がいるんじゃないかと思うんですが、実はそうでもないんです。前の章でも見ましたが、世の中はやっぱりそんなに甘くなくて、いつでも釣りあいがとれているとは限りません。しかもかなり複雑ですから、その解決はなかなか難しい。だから、この世で釣りあいがとれないのなら、いっそのこと天国や地獄があるとすると（仮定）、それはすごく合理的、というわけで天国や地獄の話になったわけでした。

つまり、われわれはあくまで正義を求めていて、だからこそ、あるんだかないんだか分からない天国や地獄なんていうものまで考えてきた、ということのようなのです。

こうして、あるんだかないんだか分からなくても、天国や地獄について、概念的には理解することができて、正義の意味も改めて分かってくる。だから、たとえなくても、考えることには意味があります。天国や地獄について考えていくと、意外なことが分かるかもしれないからです。

2　もし天国や地獄があるとすると（仮定）？

もし天国や地獄があるとすると（仮定）、その前提として必要なことがあります。それは、死んだ人間を天国や地獄に振り分ける基準です。この基準はなかなか難しい。というか、われわれにはよく分からないけど、それで釣りあいがとれたらいいな、という願望が天国や地獄を生んできたのだろうと思われます。この辺が宗教の便利なところで、哲学や倫理学だったら「その基準は何か？」と問わねばなりませんが、哲学とは違って宗教の場合には便利な手があって、それが神様にお任せするという考え方です。だって、神は正義、しかも絶対的な正義なんだから、というわけです。

少し考えてみましょう。われわれは人と人との関係に不正とか正義とかが現れてくるというところから出発しました。でも、途中で少し考えたように、国家間でも正義は問題になるのでした。われわれの考えでは、正義とは「釣りあい」のことでしたが、それはいろんなレベルで考えられるわけです。

3　改めて「絶対的な正義」について

たかし君がクラスメイトの大野君をたたいた。これは不正です。正さねばなりません。そこで先生が出てきて、たかし君に謝らせます。「ごめんなさい」。よかったですね。でも、大人の世界で不正があると？　われわれの社会では、それを正すために法律があって、裁判所があります。

でも、ある国が別な国に害を与えたという場合はどうでしょう。これも不正です。だとすると、正さねばなりません。そのために国際法があって、国際司法裁判所があります。これは、英語だと International Court of Justice と言います。直訳すると、「正義の国際的裁判所」ですね。でも、ここでの判決は、強制力を持たないようです。つまり、意見は言ってくれて、国際的にはそれは権威のあるものとされているのですが、それぞれの国がそんなのいやだ、と言えばそれまでらしいのです。

現実的に考えると、われわれにはこの辺りがもう限界です。われわれというのは人間のことですが。でも、だからこそ昔の人たちは神を求めた、ということなのだろうと思います。

完全な正義、絶対的な正義なんかない。授業をやっているとそういう意見を書いてくる人が多いですが、そういう人は、いわば正義というものを、こうした神のレベルで考えているのだと思います。でも、そういうものはありそうに思えない、だから、「絶対的な正義なんかない」という意見になる。これはつまりは、「神なんかいない」と言っているのと同じことなのです。

4　改めて科学と哲学

たぶん、この本をここまで読んでくださったとして、いくつもつまずきやすいところがあっただろうと思いますが、「あるんだかないんだか分からないものでも理解できる」というのもつまずきやすい。われわれは何だかんだ言っても、科学的な考え方の方に慣れています。科学の専門家じゃなくても、です。特に、小学校以来、ずっと「これは大事だよ」と教えられるのが、実験と観察です。実験や観察で確かめられるなら正しい。これが、すごくゆるく理解した場合の「科学」の考え方です（科学のやり方について厳密に考える場合には、他にも大事なことはあるのですが）。

でも、少しちゃんと考えてみると、ここには少し隙間があります。「実験や観察で確かめられるなら正しい」というのは、分かりやすいように見えますが、実はかなりあいまいです。「実験や観察で確かめられることだけが本当のことだ」という意味なのか、ひょっとすると「実験や観察で確かめられたら、それは正しいことだけど、正しいことはそれだけなのかどうかは別問題」なのかもしれません。

5　世界の隙間

一般には、「実験や観察で確かめられることだけが本当のことだ」説の方が広まっていそうな気がします。でも、やっぱりこれは少し狭い。正しく言えば「実験や観察で確かめられることだけが科学の言う真理だ」で、「科学の言う真理以外には真理はない」は少し言い過ぎじゃないか、という気がするわけです。つまり、世界というものを丸ごととらえようとするとき、科学だけじゃ足りない。とすると、「実験や観察で確かめられないような正しいこともある」ということになります。だからこそわれわれには哲学が必要になります。そのためにわれわれは、実験や観察ではなく、概念的に考える、というやり方をとってきたのでした。そして、われわれが考えてきた「正義」なんていうのはまさに「実験や観察で確かめられないような正しさ」そのものだったわけです。

6 「私は仮説を作らない」

われわれは、「だいたい」というか、雰囲気で考えていることが多い。だから、本当は「実験や観察で確かめられたら本当のこと、でも実験や観察で確かめられない本当のこともある」はずなのに、それを何となく「実験や観察で確かめられないものはない」と考えてしまう。

「科学では、実験や観察で確かめられないものはないものとみなす」という見方ならまだ分かりますし、それは正しい。実際、科学は実験や観察で確実性を高めようとしてきて、これは正しいやり方ではあるわけですが、これは「そうみなす」というとても大きな前提（あるいは仮定）の上での話なのです。でも、その前提を外して「実験や観察で確かめられないものはない」までいくと言い過ぎだし、正しくない。少し控えめに言っても、それだけじゃ足りない。つまり、科学だけで考えていると、隙間ができてしまうわけです。

科学の基礎を作った一人が、みなさんご存じのニュートンです。彼は、近代科学の金字塔『プリンキピア』という本で、こう宣言しました。「私は仮説を作らない」。うーん、かっこいい。つまりニュートンは、実験や観察で確かめられないものには頼らない、と言うのです。実験や観察を基にするやり方を実証と呼びます。そして、それにしか頼らないぞ、という立場を実証主義と言います。ここから本格的に科学が始まったわけで、ニュートンが偉かったのは万有引力の法則を発見したからばかりじゃないのですね。むしろ、こういう立場から万有引力の法則を発見したから偉かったのです。

7　実証と思弁

辞典なんかを見ると、ニュートンは「科学者」とか書いてありますが、ニュートンの時代には「科学者」という言葉もありませんでした。ニュートン自身は哲学者でした。「科学者」という言葉ができたのは一九世紀半ば、ニュートン時代の一〇〇年ほどあとのことです。実際には、ニュートンが登場したからこそ、「科学者」という概念もできたわけです。ニュートンが示した実証という考え方は大きな成功を収め、その結果、実証に基づいた科学は哲学から独立しました。めでたしめでたし。

しかし、そうなると哲学はどうなったか。

科学も元は哲学から出たわけで、哲学が実証という方法を使ってもいい。でも、この本では、科学がやらない方法をやってみようと考えたわけです。それが概念を作ってそれを操作していく、いくつか概念を作ったらそれを繋げてみる、というやり方でした。こういうやり方を、実証に対して「思弁」と呼びます。おお、何と、われわれの方法にも名前があったのです（今さらと言えば今さらですが）。

8　ギャンブルはしない？：思弁の弱点

例えばニュートンも、出版しなかった原稿はものすごく思弁的で、仮説だらけなのです。もっとも、思弁には正直に言って弱点があります。それは、実験や観察を使って確かめることができない、ということです。実を言うと、思弁という言葉は、例えば英語だったら「スペキュレーション（speculation）」と言うわけですが、これは実は経済に関しては「投機」とか「思惑買い」と訳されるものです。はっきり言えば、賭け、ばくち、ギャンブルという意味にもなってしまいます。

だから科学はそれを避けて実証の方に行きました。ニュートンはつまり、「私は科学的研究ではギャンブルはやめとく」と、安全第一宣言をしたわけです。で、大成功した。そのためにわれわれは、実験や観察できないものは信用しないという、とても残念な考えに至ってしまいました。これは、授業のときに書いてもらう意見や感想を見ていると、別に科学者でなくても、多くの学生さんにも見られることで（今インターネットのウィキペディアで実証と思弁を引いてみましたが、何と、実証については説明がありましたが、思弁については説明がない！）、だから、哲学って何をやっているんだろう、そして、どうやっているんだろうという疑問が生まれてくるのだろうと思います。そして、正直なところ、哲学者のなかにも、そうそう、そうだよなーと思って、「思弁はいけない」と言う人もいます。でも、これでは「産湯とともに赤子を流す」というやつです。もったいないと思うんですけどね。

9　自由を求める賭け：思弁の利点と必要性

もちろん無茶なギャンブルをやって生活も荒れて一家が路頭に迷うとか、そういうのは避けたい。でも、実験や観察ができないものについても考えたいじゃないですか。その方が自由だし。

この本では『デスノート』から始めましたが、それはそれなりの思惑がありました。というのは、SFとかファンタジーといったフィクションの手法と思弁とは似ているところがあるからです。それは、中心になるアイディア（概念）を広げていって、世界を作ってみるというやり方をするからです。

もちろん違いもあります。『デスノート』は純然たるフィクションですが、それは「ありそうもない設定」を考えて、それを基にして世界を描いてあるからです。思弁の場合は、「実験や観察で確かめられないけど、ありそうな仮定」を置いてみるわけです。だから、無茶なことを言おうとするわけではありませんし、実証よりも遥かに自由に考えることができます。

もう一つ。実験や観察で確かめるのは大事だけど、考えてみれば当然のことながら、実験や観察で確かめられるものというのは、この世界の一部にすぎないわけです。一部だと言っても、確かめられるものは確かめればいいわけで、確かめられるのにそれをしないであれこれ考えるだけ考える（そのあげくに間違ったことを言う）というのは、やはり意味がありません。でも、実験や観察のできないものについては考えてはいけないとすると、これはとても不自由ですし、全然足りません。だって、実験や観察は何度も繰り返しできるから確かめることができるわけですが（ゲームのように）、そもそもわれわれの人生というものが（ゲームと違って）、一度しかない、繰り返せないものだからです。

愛とか正義とかも、広く言えば倫理なんていうのもそう。これらは実験や観察で確かめるようなものではありません。そして、それらはわれわれが生きるのになくてはならないものです。それらについて考えちゃいけない、なんていうのは、それこそありえない。それに、われわれだってもう今までに、実験や観察によらなくても、完全かどうか分からないけれども、かなりな程度まで考えることができたんじゃないでしょうか。

【概念の実例5：ゾンビ】

『北斗の拳』のケンシロウの決めセリフに「お前はもう死んでいる」というのがありましたが、それならもうゾンビです。ホラー映画とかゲームに出てくるあれです。この「ゾンビ」も哲学的な概念として使われます。一時、結構ヒットしました。「体の物理的な組成は普通の人間と同じなのに、意識（いわゆるクオリアとか）がない」という状態を想定して考えられたものです。これを使うと、例えば、体とか脳によって「心」が生まれているのか、それとも、「心」は物理的な状態とは独立なのか、といった問題、いわゆる心身関係の問題を考えることができます（チャーマーズ『意識する心』白揚社）。

「ゾンビ」などと言うと奇妙な仮定に聞こえるかもしれませんけど、大事なのは次の点です。つまり、「心は物質とは別に存在するか」、といったような、世界観に関わる大問題の解明に、つまり哲学的な思弁に、「ゾンビ」の概念が役立てられているという点です。

第一四章　地震と正義

＊この章では、正義の概念を極限にまで拡張して、思弁的な世界観の例を見ます。

1　野球の打順で考えると

この本ではほとんど触れていませんが、哲学の歴史を見るのもとても面白いです。哲学者たちもやはり人間、いろんな個性があって楽しいのです。ソクラテス、プラトンといった古代の哲学者、デカルト、カントといった近代の哲学者。そして、ニーチェ、ヴィトゲンシュタイン、ハイデガー、というように挙げていくと、私などはいたずら心が生まれてきます。

ソクラテスなんかは、野球の打順で言えば一番打者、突破口を開いた哲学者です。その弟子のプラトンはもういきなり四番の強打者です。京都にマールブランシュというおいしいケーキ屋さんがあるのですが、これは近代フランスの哲学者の名前です。この人などは、私の感覚ではちょっと地味な七番。

ちなみに、イギリスの生んだ伝説的なコメディ番組『空飛ぶモンティ・パイソン』（ドイツ語版）では、「哲学者サッカー」というコントがあって、これは哲学史を少し知っているとすごく笑えます。

でも、プラトンは四番打者だと言いましたが、人によってはヘーゲルが四番打者だと言う人もいるかもしれませんし、四番打者候補はたくさんいます。有力候補の一人がライプニッツです（「哲学者サッカー」ではゴールキーパーですが）。近代ではいろんな科学が専門に分かれていきますが、ライプニッツはその直前に活躍した人で、「最後の万能の人」などと言われます。彼が大学で学んだのは法学ですが、微積分の発見者ですし、計算機を作ったり、鉱山を開発したり、中国の情報を集めてそこから二進法を再発見してコンピュータの原理を考えたりと、もう数えていったらきりがないくらい。

ただ、彼は膨大な原稿を残しましたが（おおげさに言うと、図書館一つ分くらい）、出版したのはわりあい少なくて、その分だけ全体像がつかみにくい、すごく多面的な人です。

2　弁神論

しかしライプニッツは単なる物知りでもアイディアマンでもなく、独自の哲学を持っていました。でもそれを、まとまった形で発表しませんでしたから、当時の人びとは、彼の哲学がどれほど壮大なものであるかを知らなかったわけです。唯一まとまっているのが『弁神論』という本です。

この時代、キリスト教は少し弱体化してきましたが、人びとはまだ神がこの世を作ったものと信じていました。でも、キリスト教にとっては都合の悪い現実があります。神が人間のために創造してくれたにしては、この世界にはいろんな不幸や悪がありすぎるように思えるからです。神は万能なのだから、われわれのためにもっと善い世界を作ってくれてもよかったのではないか？

中世以来のキリスト教神学者たちはこれに対して、神に不平を言うのがおかしい、なぜなら、そんな風に不平を言っている私たちを作ってくれたのも神なのだから、神には感謝こそできても、文句を言うことなどできないのだ、と唱えてきました。

しかし、近代になると、人間のためにこの世界を作ってくれた神などというものを認めない哲学者たちも登場して来ました。でも、ライプニッツは比較的穏健な立場をとって、キリスト教の信仰と理性に基づく哲学とが対立しないように、と考えました。これが彼の『弁神論』の意図です。その結果出てきたのが、オプティミズム＝最善観という考え方です。一言で言えば、「この世界は神が作れたなかで最も善い世界である」という説です。そうだとすれば、神にもこれ以上の世界は作れなかったのだから、「たとえこの世界に悪いことがあっても、それは神の責任ではない」と言うことができます。

この考えは、受け取り方によっては、「世界は神がうまく作ってくれたのだから、何があっても大丈夫」といった楽天的な考え方にもなってしまいます。そのためオプティミズムは、「楽天主義」とか「楽観論」などとも訳されます。

3　神の正義

しかし、ライプニッツが考えていたのは、そうした表面的な楽観主義とは違っています。ここでは詳しく扱えませんが、確認しておきたいのは、ここで問題になっているのが「正義」だということです。「弁神論＝テオディセー」というのはライプニッツの作った言葉で、「神」という意味のギリシャ語「テオス」と「正義」という意味の「ディケー」を合成した言葉です。

悲惨な事件、事故が起こった場合、被害者家族がこんな風に言うのをニュースなどでよく見ます。「あの子は何も悪いことをしていないのに、なんでこんなひどい目に遭わなければならないんだ」。「正義」というのは「釣りあいがとれていること」でした。被害者家族が訴えるのは、「悪いことをしていないうちの子がひどい目に遭うなんて、釣りあいがとれていないじゃないか」ということです。

しかしライプニッツは、それは人間の目から見てのことであって、実は善と悪、幸と不幸は釣りあいがとれているのだ、と主張しました。われわれは世界の一部分しか見ていないからその大きな釣りあいが見えてない、世界全体を見ればそこには大きな調和がある、この世界は最善だというのです。ライプニッツの「最善観」というのは「悪いことなんか起こらない」という楽観論などでは全然ありません。むしろ、人間の視野を超えた、世界全体の調和を主張するものです。正義の概念を極限にまで拡大した考え方で、そうした正義、あるいは調和のことをライプニッツは「神」と呼んでいるわけです。

しかし、ライプニッツのそうした真意がどこまで伝わっていたかと言うと、これはかなり心もとない。

例えば、この時代のイギリスを代表する詩人のポープは、「全体としてみればこの世界は最善である」という考えを借りて、『人間論』という長編の詩を書きました。見事なできばえだというので、これがまた最善観を広める役割を果たしたようです。しかし、ポープは実は『弁神論』を直接読んだのではなく、人から聞いただけらしいのです。現代でもしばしばあることですが、表面的な分かりやすいものの方が流通しやすいのでしょう。

4　リスボンの大震災

しかし、そうした楽天的な時代のなか、一七五五年一一月一日、ポルトガルの港町リスボンで大震災が起こりました。町は火の海になり、大津波も起こり、死者だけで数万人という大きな被害が出ました。「リスボンを見てから死ね」と言われるほど美しい町リスボンは壊滅状態になりました。

二〇一一年に東日本を襲った大震災もわれわれに大きな衝撃を与えました。地震というのは、われわれがふだん動かないものと思っている大地が揺れ動くものですから、人間の心にも大きな影響を与えます。みなさんも知っているかもしれませんが、日本に比べると、ヨーロッパでは大きな地震はそれほど起こらない。そのため、このリスボンの震災は、当時の人びとに計り知れないショックを与えました。経済的にも、社会的にも相当の影響があったようですが、哲学の歴史にとってもこの出来事は大きな転換点となりました。

5　ヴォルテールの疑問、ルソーの反論

哲学者、思想家のなかには、何と言うか、「鼻がきく」というタイプの人がいます。この時代のフランスを代表する思想家のヴォルテールはその典型です。

彼も当時流行の最善観を常識として受け取っていました。しかし、信仰が篤いことで知られていたリスボンで、よりによって日曜の礼拝のために教会に集まっていた人たちが大勢亡くなった知らせを聞いたヴォルテールは、その常識ががらがらと崩れるように思いました。これが世界観に影響を与えないはずがありません。彼はすぐに「リスボンの震災に寄せる詩」という長編の詩を書きました。

確かに、ちょっと怪我したとかといった程度の不幸や悪なら、「全体は最善である」と言って済ますことができるかもしれません。でも、何万人もの人がいっぺんに死ぬような出来事が起こった以上、「それは単に世界の一部にすぎない、全体はやはり最善である」とはもう言えないのではないか。こうしてヴォルテールは、少なくともそれまで素朴に信じられてきたような最善観に疑いを持たざるをえなかったわけです。

しかし、このヴォルテールに反論した人がいました。ルソーです。彼は「ヴォルテール氏への手紙」という文章を書いて、発表しました。ルソーと言えば、みなさんも社会科の教科書でおなじみ、新しい時代を切り開いた人です。しかしこの時のルソーは、一見すると古風な考えに執着しています。彼は、やはり世界は神の作ってくれた最善のものであると言うのです。

しかし、よく読むとルソーが言っているのはもっととんでもないことであることが分かります。この世界は最善なのだが、確かに地震で大勢の人間が死んだ。なぜか。それは、人間が文明を築き、リスボンのような都市を造って、大勢の人間が集まって暮らしていたからだ。そんなことをしなければ、あんなに大勢が死ぬことはなかったのだ、というのです。悪いのは地震が起こるような世界を作った神ではなくて、被害を大きくしている人間自身だ、と。

6　小説『カンディード』

ヴォルテールはルソーに対して直接には反論しなかったようですが、やがて小説『カンディード』を出します。これは現代でもミュージカルになったり、最近ではロックバンドのラッシュもアルバムの題材に使ったりしていて、よく知られた作品です。

簡単に言うと、主人公の少年カンディードが世界のあちこちを旅し、各地で悲惨きわまりない事件、事故、災害に巻き込まれるというストーリーです。彼の道連れになるのがパングロスという人物で、この人はオプティミズムの信奉者です。彼らはリスボンの震災にも出会います。人びとは地震で起こった町の火事に追われて海に逃げようとし、逆に海にのまれて次々に死んでいきます。そうした悲惨な場面に出会っても、パングロスは「それでも全体は最善だ」と言います。

それからもさまざまな苦難を生き抜いたカンディードは、最後にようやく平穏な暮しを得ます。「いろいろ苦難はあったが、そのおかげでこうして幸福になったのだから、やはり世界は最善だろう？」と言うパングロスに対して、カンディードがこう答えて物語は終わります。

「ごもっともです。それでも、私は畑を耕さねばなりません」

7 カント

確かにルソーはヴォルテールに反論しました。ヴォルテールは最善観に疑いを持ち、ルソーは最善観を主張していました。しかし、二人の思いは、案外近かったのではないでしょうか。もちろん、ルソーはルソー、ヴォルテールはヴォルテールで、違うところもあります。でも、二人とも、もはや問題は神が最善の世界を作ってくれたかどうか、この世界がどうかということではなくて、人間が、われわれがどうするかが問題なのだという考えに至っているのではないか、ということです。

ルソーは都市文明のあり方を問題にしましたし、ヴォルテールの『カンディード』ではもう少しこぢんまりとした個々人の生き方が描かれているように見えます。しかし、彼らはいずれも、人間に焦点を当てています。だとすれば、これは思想の大きな変化です。

こうした思想の変化を改めて哲学的に完成させたと言えるのが、ドイツの哲学者カントです。

カントと弁神論の関係も複雑なのですが、その辺りは省略します。要は、カントも最初は弁神論を受け入れていたように見えるのですが、後にはっきりと考え方を変えます。

カントはなぜ考えを変えたのでしょうか。それは、彼が自分自身の哲学的な立場を築いたからです。彼の立場は（いくらでも難しく表現できますが、簡単に言うと）、やはり神や世界から人間へと足場を移すものでした。誤解を招く表現かもしれませんが、あえて言うと、カントは、「世界がどうあるか」ではなく、「われわれ人間が主体としてどうするか」の方が先に来ると考えました。カントはこのことを、ヴォルテールのように時代のなかで敏感に察するというよりは、自分で納得できるように考え、自分の哲学としたのです。

8　概念と理念

ヴォルテール、ルソー、カントからすれば、「ちょっと待ってよ」というような簡単なまとめ方をしてしまったかもしれませんが、申し訳ないけど、ここで取り上げたかったのは、彼らの思想や哲学じゃなくて、彼らが震災から何をくみ取ったか、そしてそこから何を生み出したかです。実際彼らはそのようにして、次に進むべき方向を示すもの、つまり「理念」を探り当てました。

起こった出来事から何をくみ取るか。この本で使っている言葉で言えば、それらの出来事をどんな概念でとらえるか、ということです。概念と言わなくても、単に「言葉」でもいいです。出来事に名前を与えることはとても大事です。われわれは言葉、名前を与えなければ、それをどう考え、どう扱ったらよいか分からないからです。

リスボンの震災ばかりではありません。ヒロシマ・ナガサキ、アウシュヴィッツ、あるいは9・11のテロ、東日本大震災とフクシマ。福島原発の事故が「フクシマ」とカタカナで書かれるのは、それが日本を超えて、世界的な出来事であるという人びとの意識を反映したものでしょう。つまり、これは今までに起こった事件とは違う、今までなかった新しい事態であると人びとは考えている。では、それは実際われわれにどういう影響を与えるのか。それを言葉（概念）でとらえること。そして、われわれはそれに対してどう考え、どう行動していけばよいのか。それに新しく名前（理念）を与えること。

地震や原発事故はもう起こってしまいました。われわれはそこで感じた恐れや不安をすぐに取り除くことはできないかもしれません。また、そこで失われた人やものを忘れてはならないとも思います。でも、同時に、われわれは、こうした大きな出来事に出会った人びとが、そこから新しい理念を生み出してきたことから学ばなければならないのではないかと思うのです。

【概念の実例6：ダイナブック】

本文ではちょっとスケールの大きな話をしましたが、もっと身近な概念はないでしょうか。前に、経済学者や法学者や文学者やコンピュータ関係者といったさまざまな人の集まりで概念について話したとき、「それならアラン・ケイのダイナブックは？」と言われました。そこにいた人びとの話では、iPad（この会があった頃に出始めだったのです）の原型のようなものだというのです。

調べてみると、そもそも「パーソナルコンピュータ」もケイの作った概念でした。しかも、一部屋分くらいの大型コンピュータしかなかった時代に彼が考えていたのは、単なるパソコンよりもずっと先を行くものだったらしく、それが「ダイナブック」です（東芝のパソコンに同じ名前のがありますが、別物）。これに衝撃を受けたスティーブ・ジョブズが、それを実現しようとしてたどり着いたのが、ｉＰａｄ。なんだ、ジョブズよりもケイの方が偉いじゃん、という感じもしますね。

この辺について知るには、別なものを見た方がいいと思いますが、ここであえてこれを取り上げたのは、私に教えてくれた人びとの指摘を、もっともだなあと思ったからです。つまり、「概念を作る」というのは何も哲学者たちだけのものじゃなくて、例えば技術開発とか、あるいは日常のビジネスにも大事なんじゃないか、というわけです。

パート5

倫理学のかたち：「答え」を出すために

第一五章　「とか」を埋める

＊この章では、「愛とか正義とか」の「とか」の部分を考えて、一つの全体を作りたいと思います。

1　「とか」を考える

前の章では、正義なら正義だけで押していってどこまで行けるかを考えました。全部を正義で説明できるか。やはり哲学の王道というか、古典的な考えだと、一つのもので突き進みたい。正義でなく「愛こそすべて」と考える方向もある。うまく行けば、正義の哲学、あるいは愛の哲学ができるわけです。でも、倫理学はちょっと違うところがあります。実際、別な考え方もできるわけです。つまり、正義は大事だけど愛も大事と考える。もっと言うと、全体を埋めるのに、複数の概念を持ってきて考えてみたらどうか、という方向です。もちろん倫理学も哲学ですから、何でもかんでもバラバラでいいとは考えません。でも、倫理学は実践的な学ですから、現実の場面で使えて、具体的な問題を解決できなければなりません。そのためには、全部を一つで押し切るというよりも、この場合はこれ、別な場合はあれというように、区別することも大事になるんじゃないかと思います。

さらに、愛と正義の二つだけではひょっとすると、全体を埋め尽くすのには足りないかもしれません。だったら、最低限どれだけのものが必要なのか。それを考えなければなりません。この本のタイトルは「愛とか正義とか」だったわけですが、残った「とか」の部分を考えてみようというのです。

2 第三の領域

しかし、そんなものが簡単に見つかるでしょうか。ここが実験や観察が役に立たない哲学・倫理学のつらいところでもあり、同時に、醍醐味です。おっしゃあ、これはもう考えるしかない。でも、今まで学んだことを生かしていけばいいので、そんなに難しく考える必要はありません。

今までで分かったのは、倫理というのは人間が生きる場だということでした。そして、社会で成り立つべきなのが正義でした。愛はどうだったか。これは主に恋人とか、あるいは家族とかということになります。では、社会のなかで市民として生きる、家族のなかで父親なり母親なり子どもなりとして生きる、その他は何があるでしょうか。そう、残るのは個人でしょうね。社会、家族や恋人といったものに続く第三の領域にあるのは、個人なのです。

ここまでくれば、問題は、社会における正義、家族や恋人の間での愛に当たるようなものが、個人の場合にもあるかです。

改めて今まで考えたことを思い出してみましょう。ここでも概念的に、ゆっくりと考えていきます。正義は社会のなかで、いわば人びとを結びつける働きをしています。人びとの集まってできる社会を一つにまとめ、秩序を与えているものが正義でした。同じように、愛も人と人を結びつけるものです。愛があってこそ父親は子どもに対して父親なんだし、妻に対しては夫であることができるわけです。

それに対して、個人の場合はどうでしょう。どうもこれは、正義の場合とか愛の場合とはだいぶ違っているようです。というのは、個人は個だからです。ま、当たり前ですが。んで、個々人です。もう一度言ってしまいますが。つまり、それは他の人間との関係を離れている、というところに特徴があるのではないでしょうか。うん、どうもこの辺りにヒントがありそうです。

3　個人の自由

他の人間との関係を離れる、なんて言うと、「私はいや、この人と離れないわ」とか言う人が出てくるかもしれません。

いや、べつに別れてくれと言っているわけではありません。われわれはたとえ愛し合っている家族であっても、同時に社会のなかに生きてもいるわけだし、また恋人とか家族とかでありながら、それぞれが個人であることもできるわけです。そのときに、それぞれが個人であること、つまり社会とか他の人から離れてあること、そうしたものをわれわれは「自由」と呼んでいるんじゃないでしょうか。

そうなのです。社会における正義、家族や恋人との間での愛、そして、三つ目に大事にしなければならないのが、個人の自由だったのです。なるほど！ という感じでしょうか。それとも、なーんだ、というところでしょうか。そう、答えはいつも遠いところへ探しにいかなければならないわけではない。よく知っているものが改めて見つかることもあります。でも実際、自由って大事でしょ？

4 自由の意味

いや、待ってください。われわれのよく知っているもの？ 自由が？ ここは考えどころです。

というのは、「自由」については、「自分の好きなことが勝手にできること」という理解もあるわけです。前にも出てきましたが（第四章6）、もしそれを無制限に拡張したとすると、ま、普通に考えると悲惨なことになりそうです。最も極端な場合は、例えば人を殺したいから殺す、といったこともできることになってしまいます。

こうしたことまで「自由」のなかに入れることはできなそうです。やっぱり他の人のことも考えないとね。つまり、自由と言っても愛や正義を無視するわけにはいかない。勝手気ままな自由とは違った、いわば「倫理的な自由」とでもいうものが必要です。そしてこれは、極端で無制限な自由からすると、ある種の制限を含んでいることになります。

そんな風に授業で言うと、「制限があるんだったら自由ではないと思います」という意見が出てくるわけです。確かに、「自由であること」と「制限があること」は矛盾しているように見えます。しかし、実はそう見えているだけのことです。

いや、こう言いましょうか。もし「何かから制限されている」のであれば、確かにそれは「自由」ではないかもしれません。でも、「自分で自分を制限する」だったらどうでしょう。誰かに言われたからとかじゃなくて、まったく自由な立場から、自分自身のまともなあり方を自分自身で決めること。いわゆる自己決定。そう、これがわれわれの言う「倫理的自由」の概念です。

5 インフォームド・コンセント

こうして一応の概念化ができたら、正義や愛の場合のように、少しは具体的な場面で考えたい。「倫理的な自由」だけでは、どう使ったらいいのか分からない。そこで「インフォームド・コンセント」です。ここ数年でかなり知られるようになってきたと思うのですが、一応の説明をしておきましょう。

お医者さんに行って何か治療を受ける場合、以前よりもお医者さんの説明が丁寧になっています。病気や怪我の状態がどうなのかを知りたいのは当然ですが、特に大事なのは、治療法の種類、それらの効果とリスクです。何のためにこんなことをするかというと、そうした情報を基にして、われわれ患者が自分自身で治療法を選ぶことができるためです。

今までは、医療に関して患者は素人だし、医者は専門家で知識も技術もあるんだから、医者が治療方針を決めればよい、と考えられてきました。これはこれで一応は筋が通っています。でも、これだと患者は自分が受けたくないと思っている治療を受けることになるかもしれません。今までの考え方だと、医者と患者の関係は、一方的に決める方と決められて従う方、ということになってしまいます。

患者は、知識も何もないわけですから、医者に対してとても立場が弱い。こうした弱い立場にある人の権利を大事にしなければならない。これが二〇世紀後半、われわれの社会の大きな流れになりました。例えば男性社会に対する女性の権利、企業に対する消費者の権利。その流れのなかで患者の「自己決定の権利」も重視されるようになったわけです。

しかし、患者は自分の病気なのに、それがどんなものかも知らないくらいなのです。決めろと言われたって決められません。だから医師から説明が行われなければならない、ということになります。

念のために言うと、この、お医者さんからの説明を「インフォームド・コンセント」だと思っている人がいますが、医者がするのは「インフォーム」であって、「コンセント」は患者がするものです。目的は患者の選択（コンセント）にあって、「インフォーム」はそのための手段なのです。

6　「安楽死」とは何か？

現代のさまざまな問題に解答を与えるために登場したのが応用倫理学です。とりわけ医療の問題に関して言うと、生命倫理学というのが生まれました。そして生命倫理学の最も大事な考え方が「患者の自己決定権」で、その具体化がインフォームド・コンセントだったわけです。そして、実際この考え方は医療の現場でもかなり浸透してきましたし、われわれも理解するようになってきました。

でも、われわれ人間にはかなりバカなところがあって、一つ大事なことがあるとなると、そればっかりになってしまいがち。患者に決定権があるんだと言っても、それで医者が知識や技術を提供するだけの単なるサービス業者になるわけではありません。患者も、自分で何でもかんでも決めてよいわけではありません。例えば「安楽死」です。

安楽死の問題は難しいです。安楽死は自分で死ぬことではありません。「自分で死ぬ」のは自殺で、安楽死と自殺は違います。安楽死は、別な人が死なせることなのです。でも、それだけだと殺人になってしまいます。実際、安楽死のつもりで処置したことが、殺人の罪を問われることもしばしばあります。本人の意志があってこそ、安楽死は成り立ちます。でも、それ以前に、何の病気もないのに、死にたいから殺してくれと頼むわけにはいきません。安楽死というのは、不治の病で、生きていても苦しいだけの末期の状態にある場合に初めて考えられるのであって、自由に死んでよいということでも、望めば死なせてもらえるといったことでもないのです。

死というのはあとから取り消せるものでないので、われわれは安楽死を考えるにしても、慎重にならなければなりません。それは場合によっては、処置してくれる医師を殺人に巻き込むことにもなりかねないのです。

7　人生は……

ここから分かるのは、こういうことです。患者の自己決定権が大事なのは間違いありません。われわれは他の人から、ああしろ、こうしろと、いやなことを押しつけられるのはいやです。前から言ってきたように、倫理というのは押しつけであってはならないのです。でも、同時に、われわれ自身が他に押しつけることもできません。これはいわばお互いさまです。これが個人の「自由」から考え始めたわれわれの出発点でした。

それだけではなくて、安楽死の場合から分かるように、自己決定と言っても、それはその時々にどうしたいかということ（だけ）ではなく、自分にとって生きるとはどういうことか、死ぬとはどういうことかについてきちんとした考えがあって初めて成り立つ、という点が大事です。

そうです、それが「人生」だったのです。第二章で「人生はゲームか」という問題を取り上げました。そのときに「人生はゲームではない、なぜなら、ゲームと違って、人生は目的とか生きる意味とかが決まっているわけではないから」と考えました。ゲームの場合には目的とか終わりとか、それが最初から設定されているのでした。でも人生の場合はそうじゃない。だから？　そう、だから自分で定める。これが自己決定ということ、倫理的自由の中身だったわけです。

おお、そうか、そうだったのか！

8　自律：自己教育としての倫理

改めて考えてみると、自己決定という言葉は誤解を招きやすいと言えます。「自分で決定する」ことだと理解されてしまいかねないからです。自己決定とは「自分で決定する」ともとれますが、むしろ大事なのは、いわば「自己を決定する」ということです。生きること、死ぬこと、自分にとって大事なのは何か、そうしたわれわれ自身の生きる原則を決定することなのです。逆に言うと、そうした原則が決まっていなければ、つまり、その時々で気まぐれにすることを決めるというような状態では、「自己」なんかあってないのと同じだからです（これが序章3に出てきたことの意味だったわけです）。

だから、自己決定というのは、実はとても難しい。自己決定できるためには、ちゃんと考えることができなければなりませんし、そのためにわれわれは他の動物に比べてすごく長い期間、教育を行っているわけです。これが教育の意味、目的なのです。そして、ある程度自分で考えられるようになったら、そこから改めて「よく生きる」を自分で考えて決める。つまり、教育は「よく生きる」ためのものだし、逆に倫理学とは、いわば自己教育なのです。

だから、少し堅い言葉かもしれませんが、自己決定という新しい言葉よりも、自律という言葉の方が、中身をよく表しているかもしれません。実を言うと、これこそ、リスボン震災後の世界でカントが主張したことだったのです。それまでの哲学者は、例えば最善観のように、世界がどうだこうだと主張してきましたが、カントは、われわれ人間がどうするかが問題だと考えました。そして、それは神によって決められているとか、自然によって決まっているといったものではなくて、われわれ自身が決めるものだと考えたわけです。これが自律です。

何か、うまいこと繋がりますねえ。

【概念の実例7：QOLとケア（看護と教育）】

しばらく前から、「ケア」という言葉が一般にも普及してきました。主に医療や介護の現場で使われることが多いですが、多くの場合、「キュア」と対比的に使われます（元はラテン語で、両方curoという動詞からできたのですが）。キュアは治療、病気を治すこと。でも、不治の病や時間がかかる病気、高齢者などの場合には、病気を治すというより、もっと重要なことがある。それは、病気が治ったり、若返ったりできなくても、それでも彼らがより「よく生きる」ことができるように、それを手助けすること。これがケアです（こうした意味で、教育もケアの一種と考えられます）。

キュアは病気に立ち向かいます。今までの医療は、「よく生きる」以前の「まず生きる」を考えてきました。少しでも長く生きることを目指して。でも、そのために患者はときとして物のように扱われかねない。手術とか検査とか。そのあげく、命は長引かせられるようになりましたけど、それは長いだけ、つまり量だけ、ということになりかねない。これが科学としての医学の限界です（コラム7）。

だから、ケアは受け入れることを考えます。相手はやはり人なんだし、コントロールすればいいというものではない。彼らにとっては量だけではなく、むしろ質こそが大事だ、というわけで、ＱＯＬ（生の質）という言葉も使われるようになりました。このＱＯＬの中身は、つまりは「よく生きる」ってことで、そんなこと倫理学ではもう二〇〇〇年も前から言ってきたのですが、「そんなの科学的じゃない」として、われわれは切り捨ててきたのです。そして、今さらのようにそれが大事であることを発見した。人間っていうのはなかなかにバカなもので、大事なものに改めに気づくのに、ずいぶん回り道もして、時間もかかるのですね（だからこの本も回りくどいのです。ひひひ）。

さて、難しいのは、ケアが人との関係だということです。ケアの場合、キュアの場合とは違って、単に「患者さんに平等に、公平に」という考え方ではうまくいきません。つまり、医療は一般に正義に基づくものだけど、ケアは正義とは必ずしも合わないのです。では、それは愛によるものなのか？　もしケアするのが家族なのだったら、そう言えるかもしれません。でも、ケアするのが職業であるという場合、例えば看護師や教師の場合にはどうか？　これは難しいです（練習問題２）。

それに、これからますます高齢者介護が大きな問題になってくると思われますが、これはもう単なる家族内の問題として処理できるレベルではありません。そこに身近な人間関係としての愛が大きく関わってくることは言うまでもないとしても、社会全体で考えるべき問題でもあります。

第一六章　脳死について考える：生命と倫理

＊ここからは、倫理学の観点から全体をまとめる作業に入ります。ちょっとサクサク話を進めて。

1　倫理学の答え

前の章、話はうまく繋がりました。でもね、気づく人は気づくし、気づかない人も何となく釈然としないと思うので、言いたくないけど言ってしまうと、何か足りなくないですか？

確かにわれわれは、正義や愛といった他の人との関係を考えると、制限のように見えるものが必要になるから、単なる勝手気ままな自由というより自律が大事だと考えました。でも、他の人との関係を外して、一個人としてどう生きたらいいか、それは自由だと言われても、じゃあ、具体的にどうすればいいのでしょう？　ゲーム的に言えば、人生にルールはある。でも、目的が決まっているわけではない。だから、自分で決める。自由を尊重する人は、ここに大きな解放感を感じるのですが、逆に、これだととても頼りない感じを持つ人もいます。倫理学の答えは具体的なものじゃないように見えてしまう大きな理由がここにあります。つまり、自由は倫理的に言えば自律だ、というところまで来たわけですが、これは形式と言うか、入れ物みたいなもので、中身がないわけです。

実を言うと、倫理学は昔からそこのところを何とか埋めようとしてきたのです。でも、「これが人生の目的だ、生きる意味だ」と教えられたとしても（例えば、宗教はそうしたものを与えてくれるわけですが）、それはやっぱり押しつけにしかならない。それに、前にも少し書きましたが（第四章8）、この場合はこう、この場合は……というような判断をするためには、その時々の事情を考えに入れなければならない。功利主義のようにイケイケの立場をとる場合でも、集団での目標設定はしても、個人の生き方についての口出しは避ける方向へと行きました。特に『自由論』で有名なジョン・スチュアート・ミルが主張した自由は、周りからの圧力を防ぐためには個人の領域を守る必要がある、押しつけはダメだという方向で考えられたもので、「自由な意志で何かを目指そう」といった積極的なものではありませんでした（だから彼の自由の概念は「消極的自由」と呼ばれます）。その結果、倫理学ってなんだかスカスカ、という感じになってしまいました。世の中に人生論が腐るほどあるのも、そこを埋めるためですし、最近なら自己啓発といったものが流行ってしまうわけです。でも、それらはつまりは、特定の価値観の押しつけになりかねません。その点、ゲームは罪がありません。だからわれわれは、人生をゲームのようなものにしたいとも思ってしまう。マネーゲームとか（コラム6）。でもゲームは、つかの間でも目的とか目標を与えてくれるので充実しているように見えて、やっぱりむなしい。

実は倫理学も、個人にとって大事な中身すなわち人生の目的のことを、伝統的に「幸福」と呼び、ずっと考えてきたので、「幸福とは何か」についての考え方はいくつもあります。でも、それらについて書くのはやめて、あえてスカスカなところで留めておこうと思います。ただ、それらに全面的に頼ることはお勧めできませんけど、自分で自分の生き方を考えるための参考にはなるだろうと思いますから、ぜひ自分でも調べてみてください。

2 「してよい」と「すべき」

でも、やっぱり何かもっとこう、少しは具体例が欲しいというのが正直なところ。そこで一例だけ、脳死についてどう考えたらいいかを取り上げておきます。

でもその前に「今さらかよー」というようなこと（でも、倫理的判断を下す際にとても大事なこと）を書きますが、倫理学では「すべきである」という言い方がよく出てきます。「〜するのはよいことである、だから〜すべきである」。授業をやっていてちょっと気になるところなので注意しておくと、この「すべきである」の使い方を間違う人が多いのです。

例えば、「生殖技術は使ってもよいか」というようなことで意見を書いてもらうと（これは問題の出し方にも問題があるのですが）、「生殖技術は使うべきだと思います」と「生殖技術は使うべきではないと思います」ばっかりになったりします。どうも、倫理とか道徳というと、みなさん厳しいものというイメージがあるらしい。

「～してはいけない」は「禁止」ですね。「～すべきである」は「義務」です。でも、世の中、この二つばっかりじゃないわけです。つまり、「～してもよいし、しなくてもよい」、つまり「許可」というのがあります。少なくともこの三つを区別しておかないと、ちゃんとした判断が下せません。

「～してはいけない」と「～すべきである」は、田中君には当てはまるけど中村君には当てはまらないといったものではなくて、われわれ全員に当てはまることです。この二つは人によって違うのではまずい。それに対して、「～してもよい、しなくてもよい」は人によって違ってくる。これを考えに入れておかないと、場合によっては意見を人に押しつけてしまうことになります。

3　脳死について考える

さて、脳死について考えましょう。

文字通り、脳死というのは脳が死んだ状態です。人間が死ぬときには脳も死にますから、実は、われわれは死ぬときには全員が脳死状態になります。でも、以前は脳死はあまり問題になりませんでした。脳死になると、すぐに心臓をはじめとして他の部分も死んでしまっていたからです。でも、今は人工呼吸器が開発されました。脳死状態になったときに、すぐに人工呼吸器を付けると、脳は死んでいるけど体は生きている、という状態が生まれました。これがいわゆる脳死状態です。

特に大事なのは、専門家によると、脳が死ぬと二度と元に戻らないということです。だとすれば、脳死になった段階で死んだということにしてよいのではないか、という意見が出てくるのはある意味で自然です。つまり、いずれにせよ脳死状態から回復するということはないのだから、脳死をいわゆる「人の死」と認めても、死亡時間を少し早めるだけだ、ということです。

でも、この状態では心臓は動いています。だから血色もよい。もちろん意識はないし会話することはできませんが、眠っているように見えるようです。少なくとも、死んでいるようには見えない。だとすれば、これを「死」なんだと言ってもなかなか納得できない。これも自然な意見です。

そこで、「脳死は人間の死であると認めることができるか」という問題が出てくる。これについて倫理学の立場からはどう考えたらいいか、と。

4　みんなはどう思っているか

この問題が難しいのは、現代になって生まれてきた新しい問題だからです。つまり、はじめから答えが決まっているというわけではないので、改めて考えなければならない。そこで大事になるのは、われわれが一般にどう考えているか、です。

いろんな世論調査を見ますと、だいたい「認める」対「認めない」の比率は、「認める」派が半々よりも少し多いという感じです。

前に少し触れましたが（第一二章5）、政治の世界では決断が必要になりますから、多数決をとることになります。でも、倫理に関しては多数決で決まるわけではありません。だから、「認める」がやや多いからといって、「みんな認めることにしましょう」とは言えません。

5　知識も大事だけど

倫理的な解決を探す場合、みんながどう思っているかはとても大事ですが、同時に、当然ながら基本的な知識も大事になります。授業をやっていると、例えば、「認める」派の人で、植物状態も脳死状態も同じだと思っている人が多いのは気になります。脳死はもちろん脳が機能停止になってしまってますし、そうなると元に戻らない。一方、植物状態では脳は生きているので、元に戻る可能性はゼロではありません。だから、ちゃんと区別しないと大変。また、「認めない」派の人で、「脳死の人も臓器を取り出されたら痛いと思うので」とか書く人がいます。これでは「ちゃんと考える」になりません。

インフォームド・コンセントに触れた箇所でも確認しましたが（第一五章5）、われわれは医学の素人なので、医学の詳しい知識はありません。だから、専門家がちゃんと説明してくることが前提でした。そしてわれわれもそれを理解しなければならないのでした。だから、脳死についても、専門家の側からの説明がもっと必要だし、われわれの側でも、脳死を受け入れるにしても受け入れないにしても、まずは十分に理解しなければならないのです。

そうなると、今度は、「『脳死』というのは医学の問題じゃないの」という疑問を持つ人がいます。それなら話は簡単なわけですが、幸か不幸かそうではありません。これは脳死の場合に限りませんが、専門家の意見は重要だけれども、それが倫理的な判断の決定打ではありません。お医者さんは医学の専門家ではあっても、人生の専門家ではないからです。

植物状態と違って脳死は元に戻らないと専門家は言います。それならもう死んだとみなしたい、みなして欲しいと考える人がいます。でも、他方では、それを知っていても、脳死を人の死と認めたくない人がいます。それは「死んでいるように見えない」からでしょう。これは単なる見かけの問題、感情論にすぎないように見えます。でもそうではないのです。

6 「分かりにくい死」

心臓が止まって、呼吸もなくて、そしてもう一つ、瞳孔の反射がない。これが従来の死の基準、いわゆる死の三徴候です。お医者さんがこれを確認して、死亡診断書を書きます。これがないとお葬式も埋葬もできません。

三徴候による死の判定は、脳死状態が問題になるまではかなり安定した基準でした。それは、われわれにとってとても分かりやすいものだったからです。心臓が止まっている、息をしてない、瞳孔が開いて目が死んでいる。これは素人にも分かります。もちろん、手続きとしては医師による診断が必要ですが、この基準は誰にとっても分かりやすく、人の死を納得させるだけの説得力があったわけです。

しかし、脳死は素人には分かりません。本当に脳死であるかどうかは、専門家を信じるしかない。私は別に脳死判定をする専門家を信用できないと言ってるんじゃないんですが、脳死については各国で基準が違うとか、専門家にとっても判定が難しいといった事実があります。それらを考えると、その判定自体を受け入れない、受け入れたくない、と思う人が出てくるのはごく自然だというだけ。

もちろん、日本では慎重な基準を採用して、判定には複数の医師が関わることになっています。でも、脳死というのはそれほど厳重にせざるをえない不安定なものでもあるのです。実際、判定医の間でも意見が分かれることもあります。そこに「生きているように見える」というのがどーーんと重みを加えるのです。その意味では、「認めない」派の意見にも、相当の理由があることが分かります。

7　脳死に関する「答え」

こうして見ると、「認める」派の意見にも、「認めない」派の意見にも、それなりの理由があって、やはりどっちが正しいのか迷ってしまうかもしれません。やっぱり倫理の問題に答えなんかない？

いや、ここで思い出しましょう。「認めるべきだ」と「認めてはいけない」だけが答えではありませんでした。だとすると答えは？　それは当然、自分でどう考えるかによって決めるのがよい、ということです。つまり、こんな風に意見が割れていてどっちとも決められないのなら、「正しい答え」は、それぞれの人が決める、つまり自律による、と考えるしかありません。

「二つの意見がある、どっちが正しいか」という問題を出されると、われわれはつい、答えはどっちかだ、どっちかを選ばなければならない、と考えてしまいます。しかし、そうではありません。脳死のような場合には、どっちか一方だけを認めなければならない、という考えは、他方に考えを押しつけることになってしまいます。つまり、いやだ、認めたくないと考えている人にむりやり「認めろ」を押しつけることになるのです。われわれが個人の自由について考えたときに分かったことは、いやだと思っている人に押しつけることはできない、ということでした。だから、それぞれの考えを認める、というのが「正しい答え」になるわけです。

8　しかし理想は……

繰り返しますが、これが「正しい答え」です。

しかし、問題が「死」であるだけに、「どっちの考えも認める」というは、かなり物足りない。実際、死というのはわれわれにとってとても大事な問題で、田中君の死のあり方と森本さんの死のあり方が全然違っている、というのはやはり困りものです。これは将来的な課題ですが、できれば、われわれみんなが認められるような死のあり方が決められれば、それが一番いい。生と死の境目は、われわれの世界の根本的な秩序を作るものだからです。

倫理学の出発点となったソクラテスは、われわれ人間にとって「単に生きるのではなく、よく生きることが大事ではないか」という問題提起を行いました。でも、「よく生きる」の大前提には「生きる」ことがあります。今までは、「単に生きる」ということを倫理学は考えなくてもよかった。でも、現代というのは困った（考えようによっては面白い）時代です。脳死の問題に見られるように、その大前提が揺らいでいるわけです。だからこそわれわれは今、「よく生きる」だけではなく、そもそも「生きているとは何か」についても倫理的に考えなくてはならなくなっているのです。

【コラム7／練習問題5：科学技術と幸福】

近代以降の世界を変えたのは、やっぱり何と言っても科学と技術です。

前に書きましたが、目的が決まっている場合には、効率も大事で（序章7）、効率を上げるために方法とか手段が使えます。それらを洗練したものが「技術」です。技術と言っても、職人さんの技術もあれば、エンジニアの技術もあります。職人の親方は理論立てて教えてくれたりはしませんから、地道に訓練で身に付けるしかない。一方、後者は理論がありますし、基本は学校で学べます。それを支える理論となっているのが科学なので、「科学技術」という言葉を使ったりもするわけです。

何度か触れてきたように、近代以降、物事をはっきりさせるのが好まれるようになりました。価値に関しても計量できるような客観的な価値を重視して、主観的な価値なんてないも同じと考えるようになりましたし

（第一一章9）、真理も客観的であるべきで、主観的真理なんて意味がない、目的なんていうのも主観的なものだと考えるようになりました。目的は主体的に自分で定めるものなのだし、それが倫理の一つの根幹であるわけですが（第一五章）、いかにもあいまいに見えがち。だから、倫理なんて主観的で科学の邪魔になる、という誤解も生じてくるわけです（コラム3）。

倫理のない技術なんて、目的のない手段と同じで奇妙なものです。でも、われわれは「よく生きる」とは何かについては考えないままに、科学技術を発展させて「うまくやる」手段だけは手に入れることになりました。つまり、ゲームで言えば、「どうなったらいいか」という目的は分からないのだけど、「どういう風にやるか」という操作方法だけは分かっているという状態です。だから、これが現代に深刻な問題をもたらすのも当然と言えば当然です。

例えば、ごく単純に考えると、長生きできるのはいいことです。そのために医学は延命に力を尽くします。そのおかげで延命技術は発達しました。でもそれは、何のために生きるか、人生の目的といったものについて考えないままに、ともかく命を引き延ばす（量的に大きくする）ことだけはできるようになったにすぎないんじゃないか？　それは本当にいいことなのか？　現代、われわれが安楽死といったことを改めて考えるようになったのは、ここに理由があります（概念の実例7、第一五章6）。もう少し広く言うと、現代のわれわれがさまざまな知識（科学）を持ち、手段（技術）的にも高度なレベルに達しているのに、必ずしも幸せだと思えないのも、この理由によるのだと考えることができます。

技術はわれわれのできる範囲を拡大します。われわれの能力が広がる。これはうれしい。でも、よく考えると、「できる」のと「よい」は別問題です。できると「よい」こともあるし、できるけど「してはいけない」こともあるし。でも、「よい」について考えないままだと、ともかく「できる」のが「よい」、と思えてしまう。実際、技術革新で、今まで考えてもいなかったようなことができることになる場合も多いですしね。

さて、そこで練習。われわれの生活を大きく変えた技術の例を考えてみましょう。できれば、よりよく変えたものと、問題を引き起こしたものと両方挙げられるといいですね。

第一七章　臓器移植について考える：自由と正義

＊前章では脳死の問題を、個人の自由を中心に考えました。
ここではもう少し広げて考えましょう。

1　法律で決まったけど

脳死についてあれこれ考えてきましたけど、「二〇〇九年に臓器移植法が改正されて、一律に脳死を人の死とすることに法律で決めたんじゃないの？　だから、改めて考えるも何もないんじゃないの？」と思う人もいるかもしれません。

でも、法律はわれわれが作るものなので、正しくない法律であればまた作り直せばいいわけです。実際のところ、今までの話から分かると思いますが、今回の改正にはかなり問題があります。「認めない」派の人にむりやり認めさせるというのは、どう考えても倫理的におかしいので、法律だからといって強制することは変です。もっとも、「自分は認めない」とはっきり意思表示しておけば、その点はもちろん考慮されることになっています。今の改正案でも、実際には「一律」ではないのです。

しかし、いろいろと問題点が指摘されていて、改正案自体もいくつもあったくらいなのに、どうしてもっとちゃんと考えて決めなかったのか、どうしてこんなに急いだのか。それは言うまでもありません。従来の臓器移植法では、ドナー不足が解消できない、と思われたからです。

2　臓器移植と功利主義

改正を急いだ人たちの思いはこうです。脳死を人の死と認めれば、脳死体を臓器移植に使うことができるようになる。だから、脳死を人の死と認めればよい、と。この考えは、移植を待っている人たちの切実な願いから出発しているわけですが、倫理学的に言うと、われわれがすでに知っている考えの応用です。ヒントは、もう個人の自由の領域も愛の領域も離れて、問題は別の領域に入っているということです。さて、何でしょう。

そう、功利主義です。功利主義は社会的な観点から、人間を数量で考えますから、単純化してしまうと、脳死を認めればそれだけ多くの人を救える。だからそっちの方がよい、という結論を出します。

われわれは、まずは脳死を認める人と認めない人がいる、だから、両方の立場を尊重すべきだ、個人がどう考えるかを大事にしようと考えました。脳死を個人の自由という観点から考えていたわけです。でも、われわれはここで、ドナー不足の問題を通して、二つ目のレベルを発見したのです。

3 臓器くじ

功利性の原理は分かりやすいものでした。トリアージの場合がそうでしたが、単純化すれば、「より多く〜がよい」ということです。この原理をそのまま利用したミステリのドラマを見たことがあります。私が見始めたときにはもう犯人が登場していましたが、犯人は女医さんなのです。彼女は何と、人を殺して臓器を取り出し、それを五人の患者に移植していたのです。「私は確かに一人殺した。でも、それで五人を救った。より多くの人間を救うのがなんで悪いの？」

知っている人もいるかもしれません。これは「臓器くじ」として有名な、哲学・倫理学の思考実験の応用です。死んでもらう人をくじで決めるというだけで、あとはドラマの場合と同じです。

この女医さんの考えに賛成か反対かを聞きますと、賛成する人もいますが、ほとんどの人は反対します。なぜでしょう？　だって、女医さんは功利主義的に考えて、実際それで「より多くの人の命を救った」わけです。これはトリアージの場合と同じです。トリアージの場合はみんな認めましたが、臓器くじになると違和感を覚える。それは、トリアージの場合に後回しにされるのは、もう助からないと考えられる人で、仕方なく後回しにされるわけですが、臓器くじの場合にはそうではないからです。わざわざ一人を殺しているわけですからね。こうなると、もう数の問題じゃないわけです。

4　原理のぶつかり合い

さて、そうすると結局、脳死の場合はどうなるのでしょう。

脳死を臓器移植に使うというケースは、上のトリアージと臓器くじとの中間にあるんじゃないでしょうか。トリアージの場合、後回しにされるのはもう死ぬのが確実だと思われる人で、確かにかわいそうだけど、「仕方ない」と考えられる。でも、臓器くじの場合に犠牲になる人は、全然「仕方なくない」。では、脳死の場合は「仕方ない」のか、それとも「仕方なくない」のか。

こうした難しさが生じるのは、そしてこれと同じような場合に倫理的な判断が難しくなるのは、複数の原理がぶつかり合うからです。われわれはただ一つの原理だけを採用する、というやり方を採りませんでした。倫理の領域を大きく三つに分けて、社会、身近な人間関係、個人とし、それぞれに功利性を含む正義、愛、自由という三つの原理を認める立場を採りました。

これに対して、功利主義なんかはその代表なのですが、唯一の原理ですべてを押し切ろうという考えです。われわれは、功利性の原理は使える場合と使えない場合がある、と考えました。唯一原理主義は、分かりやすいと言えば分かりやすいけど、柔軟さに欠けるのです。

しかし、複数の原理を認める立場を採ると、それぞれの場合に合わせて柔軟に考えられるのはいいのですが、それらの原理の間で対立が起こるかもしれないという問題があるわけです。

5　ケンカはいけない

でも、どっちが強いかなんて、ケンカじゃないんだから、調停することを考えます。だから、倫理学の答えは、ある意味では平凡だし、中途半端に見えることもありますが、現実的に考えればそうならざるをえない、ということが示せればいいわけです。

脳死の場合に対立しているのは、単純化して言えば、「認めればより多くの人が救える」という功利性の原理と、もう一方で「認められないという意見も無視するわけにはいかない、いやなことを押しつけることはできない」という個人の自由の原理です。

でも、冷静に考えると、この場合は真っ向から対立しているわけではありません。人びとの間で「認める」の考えの人もいれば、「認められない」と考える人もいたわけです。だから、「認める」派の人はそれで脳死体からの臓器移植に協力すればいいし、それができるのはすごいです（これが第一九章のテーマなのですが）。でも、一方で「認めない」派の人はそれを拒否することもできる。でも、「認めない」派の人も、「認める」派の考えを否定して、「認めてはいけない、君も認めるな！」とまで主張することはできない。これが妥当な解答ではないでしょうか？

6　人間の複雑さ

「きっぱりした答えが欲しい」という人にとっては煮え切らない答えに見えるでしょうが、「きっぱりした答えが欲しい」なんていうのは甘い。だって、答えはどっかから降ってくるものじゃなく、自分で考えるものだったわけですし、自分で考えれば現実というやつが複雑であることも分かるからです。

これだけでも結構複雑。でも、こうした意見の食い違いは、人びとの間だけではなく、自分のなかでも起こるかもしれません。人間というのは、自分一人のなかにもいろんなものを抱えていて、一筋縄ではいかないものじゃないですか。

でも、現実が複雑で、自分自身も複雑だからこそ、最低限、自分が直面している問題が、個人の問題なのか、身近な人間関係の問題なのか、それとも社会の問題なのかを分けて考える。分けないと、それこそわけが分からなくなります。でも、原理に従って分けて考えても、上に見たように今度は原理と原理がぶつかるかもしれない。そこで、次にはそれらの調停を考える。

うーん、やっぱり地味かも。でも、哲学ならいいけど、倫理の領域で派手に玉砕するなんていうのはやっぱり避けたい、と私は思います。

【練習問題6：臓器と正義】

臓器移植で何が問題だと思うかと授業で聞くと、一番多いのは臓器不足の問題です。確かに大事。でも、これは臓器移植問題の一つにすぎません。われわれのやり方にしたがって、こう考えましょう。

臓器移植に関わる人というと、まずは臓器提供する人（ドナー）、移植を受ける人（レシピエント）です。

これは個人なので、自己決定が大事。でも、ドナーになると言っても、一人で決められるものではありませんし、レシピエントになるのも軽々しく決められません。臓器移植を受ける、つまり他人の臓器を自分の体に取り込むのには、心身ともに大変な苦労が必要になりますし、家族の協力も不可欠になります。つまり、ここでは個人の領域と愛の領域が重なり合ってきます。

次は社会的なレベル。臓器不足が問題になるのはここですね。さらには、不足している臓器をどう分けるかも問題。ここで必要になるのが正義、特に分配の正義です。十分に足りているのなら分配の仕方なんか考えなくてもいいですけど、不足しているのなら、誰を優先すればよいのかを考えるわけです。

でも、それが難しいのなら、というので、いっそのこと分配じゃなく交換にすればどうか？　交換なら、お互いに納得できればそれで正義が成り立ちます。それに、臓器不足も解消するかもしれない。おお、すごい！

でも、それって臓器売買じゃん、ということで多くの人は違和感を持ちます。でも、最近はそうしたことも真剣に考えられています。その根拠は、自分の身体は自分の所有物なのだから、売買もできるはず、というものです（コラム８に出てくるリバタリアンのなかには、そうした主張もあります）。しかし、うーん、みなさんはどう考えますか？

第一八章　再び脳死について：自由と愛

＊自由、正義が出てきたとなると、次には愛の登場です。

1　なぜお葬式をするか？

われわれの出発点は「脳死は人間の死か」問題でした。でも、そもそも「人間の死」とは何か？　われわれは人が死ぬとお葬式をします。しかし、なぜお葬式をやるんでしょうか。死者を弔うため？　死んだ人が成仏できるように？　宗教家はそう答えたっていいでしょうが、われわれはそうはいきません。だって、死後のことは分からないですからね。

でも、お葬式が単なる余計な儀式だとも思えません。動物はお葬式なんかしません。お葬式というのは、人間が人間であることを始めたのと同じくらい古いようです。極端に言えば、「お葬式をする動物」が人間なのです。何のために？　それは、お葬式をしないと、人びとはその人が死んだことを実感できないからです。だから、棺桶は一部が開くようになっていて、死んだ人の顔が見えるようになっています。なぜ、わざわざ死体の顔を見せるような悪趣味なことをするのか。それは、この人は本当に死んだんだということを納得してもらうためです。

私は昔、恩師が急に亡くなってお葬式に行きましたが、全然実感が沸きませんでした。しかし、お焼香するときになって、先生の死に顔を見たとたん、ああ、先生は本当に死んだんだと思って、その瞬間からわあわあ泣いてしまいました。

2　自分の死？

つまり、人間の死というのは、単なる生物の死とは違います。人間の死は、それを確認する人、納得する人がいて初めて成り立つのです。それというのも、われわれは死というものを自分では経験できないからです。当たり前ですが、われわれが死ぬときには、もう死を経験する自分もなくなってしまっているからです。逆に言うと、われわれの知っている死というのは、常に自分以外の人の死なのです。

例えば私が死んだとすると、そのときにはもう私は意識がありませんから、自分で死んだかどうか確認できません。それは、私以外の人が判断するし、始末してくれるわけです。

死ぬのは私なのに、その死は私のものではない。脳死について考える場合も同じです。

われわれは、脳死を死と認めたい人がそれを認めてもらえないのはおかしいし、脳死を死と認めない人の考えが無視されて、脳死を死として押しつけられるのもおかしいと考えました。だから、自分で決めるしかないと。

でも、これは答えの一部でしかありませんでした。実際、授業で「脳死を人の死だと思いますか」と聞いてみると、実は一番多いのはこういう答えなのです。「私が脳死になったら、それを死だと認めて欲しいけど、家族が脳死になったら、それを死だとは思えません」。つまり、死について考えるなら、自分の死と他の人の死の両方を考えておかなければならないし、できればその両方について同じ考えを持つことが望ましいのですが、そうなっていない。そして、「脳死は人の死だと思います」派の人は、そのことに気づいていない場合も多い、つまり、自分の死のことしか考えていない場合が多いのです。

3　他の人の死？

だから、補足が必要です。「脳死を人の死と認める、認めないを、自分で考えて決めることが大事」というのが第一の答えでした。個人の自由は認められなければなりません。でも、自分が死ぬ場合だけではなくて、身近な人が死ぬ場合も考えないと。だから、「家族や恋人といった自分の周りの人を考えに入れて答えを出さなければならない」という補足です。つまり、われわれの取り出した愛の領域を無視するわけにはいかない。これがなければ、自律とか自己決定とか言っても意味がありません。

具体的に言うと、もし「脳死を死と認める」という意思表示をする（例えばドナーカードを使って）という場合、最低限、周りの人と相談しておかねばなりません。

現実的に考えても、さっき見たように、私の死なのに、自分では始末を付けられないので、自分だけで決めて意思表示しても、肝心のときになって問題が生じるだけ。例えば遺族が「そんなことは聞いてない」と言い出すようなことになると、もめるだけだからです。

だから、「自分は脳死になったらそれを認めてもらいたい」と思うのなら、それを家族に相談するべきです。十分に考えて、それが自分の生き方・死に方なんだと決心したのなら、それを伝える。そうすれば、家族も分かってくれるかもしれません。でも、家族が反対したら？　それは分かってくれるまで説得するしかありません。それだったら自己決定なんて意味がない、と言う人がいるのですが、そうではありません。「私が脳死になったら、それを死だと認めて欲しいけど、家族が脳死になったら、それを死だとは思えません」と言うのなら、家族だってそう思っているかもしれません。家族の場合は認めないけど、自分の場合は認めて、というのは虫がよすぎる考えではないでしょうか。

4　人生は……パート・ツー

ここでわれわれが出会ったのは、愛と自由の関係です。個人としての「私」の立場からすると、例えば自分について脳死を死と認める、認めないは自由です。そこに愛の名のもとに家族が登場して、賛成したり反対したりします。ここで分かれ道です。つまり、私は愛に生きることもできますし、あくまで私の自由を尊重し、愛を拒否することもできるということです。この選択自体も自由です。授業で、「何が幸せか」というような問題を出すと、「私にとって幸せは、好きな人と一緒に居られることです」とか「家族と平和に暮らせるのが私の幸せです」と書いてくる人がいます。われわれは個人のレベルでの「自由」と身近な関係のなかでの「愛」とを区別しました。でも、実際には、自分の自由によって「愛」を選ぶということもありうるわけです。

おおそうだったのか！　そう、それもまたその人の人生なのです。その場合、「自由」と「愛」は対立するどころか、別のものでさえない。だから、「私は愛のために生きる」という人生もアリ。でもそれは、自由を捨てて愛に、というのではなくて、自分の自由によって愛を選ぶ、ということなのです。

5　私の愛、愛と私

しかし、本当に「愛を選ぶ」ということがあるのか？　ちょっと考えるべきことがありそうです。われわれは以前に、感情としての愛の他に、倫理的な関係としての愛というものがありうると考えました（第八章3）。愛は私のなかにあるものばかりではなく、私とあなたの「間」に浮上してくるものでもありました。私が愛を持つのではなく、いわば、愛が私を包み込むようなあり方です。

「私」の立場からすると、愛は面倒です。「私」を拘束するかもしれない。その点では自由と愛が対立しています。それでも、自分から「愛」へと向かう人もいるかもしれない。その人が本当にそう決めたのであれば、その人の「自由」の範囲です。もっとも、難しいのは、愛の場合には相手があって、「私」の自由だけで決まるものではないことです。だからみんな苦労しているのですが。

しかし、もっと考えると、「私」っていうのはそんなに固定した、確固としたものでなくてもいいかもしれない、とも思います。ひょっとすると、愛が新しい自己を開いてくれるかもしれないでしょう？

正義は社会的なものでしたから、自由や愛の領域とずいぶん離れています。でも、自由と愛、「私」と「あなた」はそうではありません。むしろ、「私」そのものが成り立つためには、広い意味での愛がなければならないのかもしれません。例えば、家族なんていうのはそうした広い意味での愛の領域です。もっとも、これも正義なんかと一緒で、あって当たり前と思っている人にとっては特に大事に思えなかったりするかもしれませんけど、それは、その分だけ身近で、基礎的な関係だからです。

【コラム8：子どもは誰のもの？（政治・教育・哲学）】

われわれは、正義、愛、自由という、倫理にとって重要な三つの原理を取り出して、それらのバランスをどうとるかと考えましたけど、前に見た（第一〇章）功利主義の古典的なタイプなんかは、社会に注目して、しかも正義を数量的に厳密に考え、これだけを重視しました。では、愛だけを重視する考え、自由だけを重視する考えはあるのでしょうか。「愛だけ」という考えは文学や映画などではよく出てきますね。それと、キリスト教のような宗教の場合がそうです。

「自由だけ」という考え方もあって、こういうのをリバタリアニズムと言います。訳すと、ずばり自由至上主義。正義や愛はどうでもいいというの？　と思えてしまいますが、リバタリアンは、正義や愛も自由によるんだと考えるわけです。つまり、個人の自由が大事なので、自分がしたければ正義もやればいいし、愛もやればいいけど、それもやっぱり結局は個人の自由による、というわけです。それどころか、臓器売買も個人の自由であるべきだ、とする人もいます。

これに対して、自由と同時に正義も重視するのがリベラリズムです。自由だけだったら社会のなかで格差ができるから、それを分配の正義で調整する、という考えです。

リバタリアンとしてはノージックという哲学者が有名で、現代のリベラリズムを理論的に支えているのがロールズという哲学者です。哲学的にはノージックの方が徹底していて面白いですが、それだけにリバタリアニズムの弱点も示しています。ちなみに、『ハーバード白熱教室』で有名になったサンデルさんは、リベラリズムとリバタリアニズムの両方を批判しています。

こうした議論を「政治哲学」と言います。その元祖は、ソクラテスの弟子、哲学者の中の哲学者プラトンです。哲学と政治の関わりも古いのです。

そして、プラトンの主著『国家』は、同時に教育論の元祖でもあります。プラトンの考えでは、子どもは国家の子どもなのです。もちろんリバタリアンはこれに反対。では、こどもは親のもの？

こうして政治と教育の関係も大きいわけです。近代教育の祖ルソーも政治哲学者でしたしね。

第一九章　再び臓器提供について：愛でも正義でもなく？

＊最後の章です。まだまだ未解決の問題が多くあることを見ます。

1　倫理とか道徳って、何かもっと……

みなさんのなかには、「倫理とか道徳って、何かもっとこう、積極的な、いいことをする」っていうイメージがあるんじゃないかと思うんです。「〜してもよいし、しなくてもよい」というのは、わざわざ「道徳的な行為」と言うほどでもない。「すべきである」となると、これは「道徳的行為」かもしれないけど、でも、みんながそうすべきなのだとすると、ちょっと物足りない、とか。

例えば、駅で案内図の前をうろうろしている人がいたとします。乗る電車が分からないのかも。そのうちに自分で見つけるかもしれないから、放っておいてもいいかもしれない。でも、すごく困っている様子です。そこで声をかけて教えてあげると、相手はすごく感謝する（かもしれない）。

これはつまり「困っている人がいれば助ける」っていうことで、これだったら「すべきこと」だとも思えます。でも、ほんとは困ってるかどうか分からないし、私だって別にそれほど余裕があるわけじゃない、とかの言い訳だってできるし、すべての人がそうすべきだとまでは、やっぱり言えないんじゃないでしょうか。でも、するとすごくいいこと。

第一六章で出てきた禁止、許可、義務のどれでもない。こういうのを何と呼べばいいのでしょう。いや、実はもう名前はあるのです。伝統的に使われてきた名前が。でも、私はこの名前があまりよいとは思えないのです。だって、「不完全義務」とか呼ばれてるんですから。

2　改めて臓器提供

第一七章では「脳死を認めない」派から考えました。では、「脳死を認めて、臓器提供したい」についてどう考えればいいか。

臓器提供を「すべき」と考えることはできません。いやだ、認められないと考える人がいるんだから。だから、したい人は「してよい」。むしろ、臓器提供を義務だとするとひどいことになる。これがわれわれの出した結論でした。そしてこれは基本的に正しいわけです。

うーん、でも、それだけじゃない気がするわけです。臓器提供するのは、すごくいいことなんじゃないでしょうか。そう、臓器提供は義務（完全義務）ではなくて、不完全義務だったのです。

3　不完全義務はなぜ「不完全」なのか？

でも、不完全義務はすごくいいことなのに、なぜ「不完全」と呼ばれるんでしょう？　それは、「みんながそうすべきである」という「完全義務」とセットになっているからです。

「完全義務」は「みんながそうすべき」ことで、何をすべきなのかも決まっています。そして、それをやらないと、「義務を果たしてない」と言って非難されるし、場合によっては罰則もある。やらないと不正で、正義に反する。だから、義務として完全。でも、不完全義務は、みんながそうすべきであるとは言えないし、それをどのようにするのかも決まっていない。さっきの例で言うと、乗る電車を教えてあげるだけじゃなくて、ホームまで案内してあげるともっといいし、ついでに電車代も出してあげたら相手は喜ぶかもしれないし、となると、どこまでやる「べき」なのか分からない。それに、しなくても別に叱られない。だって、しなくても別に不正じゃないからです。

つまり、「不完全義務」は、「悪い、劣っている」から「不完全」なのではないのです。不完全義務は、やらなくても非難されませんが、やればすごく褒められるもので、本当はとても優れていて、積極的によいことなのです。でも、それは「すべての人がやらなければならない」ものじゃない。ということは、「してもよいし、しなくてもよい」に入ってしまうように見えます。だったら、それぞれの人の判断に任せればよいし、別に改めて「こうだ」って決めるようなものじゃないんだから、倫理学で考えなくてもいいんじゃないか、となってしまう。

4　法と道徳

こうして、昔はとても大事だとされた「不完全義務」が、あいまいだ、つかみどころがないというので、倫理学であまり論じられなくなってしまったのです。

でも、これはちょっともったいない気がします。というか、これだと倫理なんてなくてもいい、という意見が出てきてしまいかねないのです。別にそれで倫理学者の仕事がなくなる（から私が困る）とかそんなんじゃなくて、これはだいぶ困ったことだと、私は少なくともそう思っています。

「みんながそうすべき」だから、しないと非難されたり罰せられたりする。これは、広い意味で言うと法律的な考え方です。倫理や道徳は法律的なものも含んでいますが、もっと広いものだと考えられます。でも、法律的じゃない道徳的なものって何？　それは、「別にしなくても罰はないけど、するとすごくいいこと」のことじゃないですか？　つまりそれって、不完全義務のことじゃないの？

だから「不完全義務なんかどうでもいい」と言ってしまうと、それは「倫理の問題は基本的に法の問題だ」と言っているのと同じになってしまうわけです。しかも、法律は、ちゃんと手続きで決まったものだし、文書に書かれています。違反すると罰則もある。とてもはっきりしている。だから、もう倫理なんか別に必要ないじゃん、ということになりかねない。

5　地震とボランティア否定論

われわれは正義の概念から出発して、それが社会にとって不可欠な条件であることを見ました。それに、正義と一言で言っても広くて、経済も法も政治も含んでいました。でも、社会が成り立つためにそれだけでいいのか。そうじゃないことを示したのが、東日本大震災だったと言えるかもしれません。

例えば、みんながボランティアについて考えるようになりました。そして、ボランティアというのは、われわれが見てきたような意味で「正義」ではなく、単なる「釣りあい」だけで考えることができるものではありません。では、「愛」に属するもの？　ボランティアは、もちろん義務、つまり完全義務ではありません。つまりボランティアも不完全義務、やったらすごくいいことなのです。

しかし、現代では事情は複雑です。私はボランティアというのはいいことをしていると思うのですが、それがいけないのだ、と言う人たちもいます。

一方では、それは「自分はいいことをしているんだ」という自己満足にすぎないのだ、と言ってボランティアを否定する人がいます。つまり、それは自己欺瞞だとか、偽善だとか言うのです。また、自己犠牲をよいことだと言うことも批判されたりします。というのは、それが危険な方向に行く可能性があるからです。例えば、戦前の日本は「滅私奉公」とか言って、自己犠牲を勧めるような道徳教育をしましたが、それは結局誰のためにもなりませんでした。そのため、教育で最も大事なはずの道徳教育そのものが、ひどく嫌われてしまうという不幸が生じています。そればかりか、「自分はこんなに苦労してあなたのために尽くしているのに」というのは押しつけがましい、という意見もあります。「とても優れている行い」のはずが、現代では「余計なお節介」だと見なされてしまうのです。

やれやれ、難しい時代になりました。でもそれなら、他の人のためになることはしてはいけない、自分のためだけを考えろ、ということになるのでしょうか。

6　愛でも正義でもなく

繰り返すと私は、シニカルな見方も大事であることは認めます。でも、現代のわれわれは、そうした見方に留まっていて、何が大事なのかをあまり考えなくなってしまっているのではないかと思います。そのことを示してくれたのが東日本大震災だったのではないかと。もう「ふふんっ」と言って人の言うことを鼻で笑っているだけとか、思考停止や中途半端な観念にまとわりつかれて身動きできなくなっているときではないように思うのですが、どうでしょう。

臓器提供もボランティアも、やっぱりなかなかできないことで、私はこれができる人は普通に偉いと思います。ただ、われわれはそれをまだうまく概念にできていないのです。さっきも見たように、ボランティアは正義でもないし、愛でもない。何か別なものなわけです。でも、その「別な何か」とは何なのか？　これは、まだ解決されていない哲学的問題なのです。

これは一例です。われわれの前にはまだまだ未知なものがたくさんあります。科学がどんどん進歩してきたので、われわれはいろんなものがすっかり分かってしまったように錯覚していますが、こんなごく普通のことさえ、実はよく分かっていないのです。でも、それは、別に悲観すべきことでもありません。むしろ私は、そこに考えることのワクワクがあると思うのです。

今日も授業で、うれしい感想を書いてもらいました。こんなの。

「そのうち、哲学で先生の理論を倒して見せます！」

はい、楽しみに待ってます。

【練習問題7：生殖技術は使ってもよいか？】

脳死、臓器移植、安楽死の他に、生命倫理学では、生殖技術や遺伝子技術の問題がよく論じられます。これらについて考える場合も基本的な知識を押さえた上で、それが個人の問題なのか、身近な人間関係の問題なのか、それとも社会の問題なのかを分けて考えて行くことが大事です。

例えば生殖技術（人工授精、精子・卵子提供、代理出産など）の場合、全く使ってはいけないというのもおかしい（ただし、正当な理由が考えられれば、反対だ、と主張できますけど）から、基本的には「使ってよい」が一般的な答えです（「使うべき」はバツです（第一六章2））。つまり、基本は自己決定。でも、それを使うのは誰か？　当然だと言われるかもしれませんけど、それは不妊に悩む夫婦でしょう。逆に言うと、不妊に悩んでいる夫婦以外も使ってよいとすると、困ったことになりそうです（これも理由を考えてください）。

だから誰でも自由に使ってよい、というわけではない。

次に、もし使うとすると、そこに夫婦以外に誰が関わってくるか、を考えます。生命倫理学では、自己決定が大事な原則と考えられてきましたが、それは他からの押しつけを避けて、自分が自分の生き方を決めることが大事だと考えたからで、何でも自分で決定すればよい、というのではないということはすでに出てきました（第一五章）。むしろ、一見すると自己決定でファイナル・アンサーに見える場合でも、それで影響を受ける人がいないかどうかを考えることがとても大事です。

さあ、では生殖技術でそれを使う夫婦以外に関わりのある人は誰でしょう？

補足と文献案内

1　哲学の本の読み方

本文の補足と本の紹介を少ししておきます。でも、最近はインターネットで簡単に情報を得られますし、本というのは結局は自分で読んで選ぶしかなくて、人の勧める本が自分にも面白いとは限りません。だから、本書の内容に特に関連のあるものに絞っておきます。そのせいで紹介する本に偏りができてしまいますが、それはしょうがない。ここに挙げた以外にも、全員に勧められるというのじゃないけどいい本だよなあ、というのは山ほどあります。

ただ、哲学関係の本を読むときの注意を挙げておきます。

一つは、最初からこの本というように決めないで、あれこれといろんな本を覗いてみることです。やはり自分と相性の合う合わないがあるからです。あきらめないで、少し探してみましょう。

もう一つは、少し手応えの感じられる本が見つかって、いったん読み始めたら、分からないところがあってもそこで読むのをやめないで、ざっと全部読んでしまうことです。最後まで読んでみると、はじめの方に書いてあったことが分かる場合も多いからです。

少し慣れたら、同じ本を、今度はゆっくり読むことです。ゆっくり読んで理解するということは、哲学の場合、書かれていることを単に覚える・理解するというだけではなくて、それを自分のものにするということです。そのためには、自分でも考えないとうまくいきません。それが最初は人の考えであっても、自分で考え、納得すれば、自分のものにすることができます。何かの答えを知ろうと思って哲学の本を読んでもうまくいかないことが多い。哲学の答えが答えとして成立するのは、自分がそれに納得できる場合に限られるからです。このことはもちろん、この本を読むときにも当てはまります。

2　哲学と哲学のやり方について

●哲学の語源（第一章3）などについては、それこそどんな哲学の入門書にも書いてあると思います。

この本で採用した「概念を作って、そこから世界を見る」という方法は、以前に書いた『哲学するための哲学入門』（萌書房）でも採用したもので、そのときには「妖怪」の概念を作るというふざけたことをやって、一部では受けたのですが。ま、よかったら見てください。

●「直示」とか「確定記述」といった議論（第三章）に関しては、バートランド・ラッセルが有名です。飯田隆『言語哲学大全1』（勁草書房）が優れた解説をしてくれています。この『大全』は全部で四巻あります。難しい箇所もありますが、全体で分析哲学についてのよい解説書になっています。

この問題とも絡みますが、ここでフィクションや「もし〜だったら」についてお話したことについては、「可能世界論」と呼ばれる、相当に面白い議論があります。これらについては、三浦俊彦『可能世界の哲学』（NHKブックス）がお勧めです。

●この本では論理学についてはほとんど触れませんでしたが、ちょっと知っているといろんなところで役立ちます。とてもいい本が二冊あります。野矢茂樹『入門！ 論理学』（中公新書）と戸田山和久『論理学をつくる』（名古屋大学出版会）。ちょっと見て好きな方を選んでください。『つくる』はむちゃむちゃ分厚いですが、論理学の本としては丁寧に書かれていて内容も充実してます。入門って言ってますが（それに、見かけはソフトだけど）、『入門！』の方が哲学的には高度です。でも面白い。

3　倫理学について

●倫理学（第四章）は、細かく言うと三つに分けられます。メタ倫理学、規範倫理学、応用倫理学。倫理学の本体に当たるのが規範倫理学。応用倫理学というのは、医療とか環境とか、その他多くの領域で、現代になっていろんな新しい問題が出てきたんで、これに対応しようとしたものです。生命倫理、環境倫理、情報倫理とか、その他いろいろ。でも、本当は単なる応用とは言えません。というのは、現代に生じている問題のなかには、今までわれわれが当たり前だと思っていたことを崩すようなものがあるからです。例えば、クローン技術を使って人間を作ったとすると、それは人格を持った一人の人間と考えるべきなのか、というような根本的な問題が生じてしまいます。

生命倫理や情報倫理も大事ですが、環境倫理も大事。でもこれが難しい。だって、倫理学は人間に関する学問なので、環境や自然についてあまり考えてこなかったから。だから、環境倫理は、考え方をがらっと変えなければならないかもしれません。例えば、動物や植物にも人格や権利があると考えたらどうか、とか。

規範倫理学の基本と応用倫理学の様子を大づかみにするのなら、手前ミソですが、『哲学の眺望』（晃洋書房）という本に私の書いたものがあります。応用倫理学全般については、加藤尚武・松山寿一編『現代世界と倫理』（晃洋書房）。両方ともコンパクトで分かりやすいのでお勧めしますが、他にもいい本はいっぱいあります。

さて、残ったメタ倫理学です。「メタ」は、「～について」という意味で、妙な言い方になりますが、メタ倫理学というのは「倫理学についての倫理学」と言うか、「倫理学についての哲学」です。例えば、「善悪は存在するのか」といった根本問題を論じます。哲学的な問題としては面白いのですが、それが倫理学の中身にどれほど影響を与えるかは微妙なところです。なので、一般教養の授業には、規範倫理学に関するものと応用倫理学に関するものはありますが、メタ倫理学の授業はありません。

●功利主義（第一〇章）については、ベンサム「道徳および立法の諸原理」、ミル「功利主義論」や『自由論』など基本文献が、『ベンサム　ミル』（中央公論社〈世界の名著〉）に収録されています。比較的読みやすいので、挑戦してみてもいいんじゃないかと。また、児玉聡『功利主義入門』（ちくま新書）というとても分かりやすい本が出ました。ゴドウィンの例などはこの本に教わりました。

●完全・不完全義務（第一六章、第一九章）についてはあまり本がないですが、シューメーカー『愛と正義の構造』（晃洋書房）が参考になります（私はこの本にはちょっと不満ですが）。ボランティアについては、仁平典宏『「ボランティア」の誕生と終焉』（名古屋大学出版会）が参考になりました。面白いのは、この二冊とも「贈与」について論じていることです。もう詳しくは書けませんが、実は私の最近の哲学的関心は「贈与」ということにあって、そのうちまとめたいと思ってます。

4　正義について

●正義論を含む倫理学の分野では、やはりアリストテレスの『ニコマコス倫理学』（京都大学学術出版会／岩波文庫）が最も重要。何せ古い時代のものなので、われわれの感覚とだいぶ違うところがありますが、そこが古典の面白さ。アリストテレスの視点を身に付けると、現代では当たり前とされていることが、実はいかに奇妙なことなのかをあぶり出すこともできるようになります。難しいところも多いですが、じっくり読んで考える価値あり。

現代の正義論として最も重要なのは、ロールズの『正義論』（紀伊國屋書店）です。実は正義の概念は長い間忘れられていて、それを現代によみがえらせたのがロールズ（コラム8）です。ただし、言っている事柄自体はそう難しくないように思うのですが、分厚いし、書き方は専門的です。

本書を書いてから知ったのですが、正義については、中山元『正義論の名著』（ちくま新書）が哲学史上のいろんな正義論を整理してくれています。と言うか、正義の問題を軸とした哲学史といった感じ。ある程度の基本知識がないと難しいかもしれませんが、本書では触れられなかった正義についての考え方がいろいろ取り上げてあります。

●正義について考えていくことで、経済や法や政治にも触れることができました（第一二章）。経済は経済学者が研究し、法は法学者が研究すると言えばそうですが、哲学は何でも論じるので、経済哲学とか法哲学、政治哲学、科学哲学とか医学哲学とかもあります。

例えば、経済学の元祖アダム・スミスという人は哲学者でしたが（科学の元祖が哲学者なことも多いです。哲学者としての側面も含めて描き出した堂目卓生『アダム・スミス』（中公新書）が面白いと評判です）、いったん経済学ができると、経済学者は経済がどういう仕組みなのかは考えても、「経済とは何か」といったことはもう考えません。

つまり、いろんな分野の学者さんたちは、自分たちの研究している何かの対象があることをすでに前提としているわけで、その前提をわざわざ壊すようなことはしないのです。科学者は世界があることを前提に、その世界がどうなっているかを研究します。でも、哲学者は「なぜ世界があるか」といったことも考えてしまうわけです。それどころか哲学者は、「なぜ哲学なんてものがあるか」も考えて、「哲学なんか要らない」と考えてしまう哲学者すらいるのです！　こんなこと科学者はやりません。

●税金（第一一章6、第一二章4）なんていうのも哲学のテーマになります。ノージック『アナーキー・

国家・ユートピア』（木鐸社）は、リバタリアニズムという考えを主張します（コラム8）。個人の自由を大事に考えると、国は余計なことをしない方がいい。税金もない方がいい、たくさんの税金を取るのは、国家が個人から泥棒しているようなものだ、というのです。この本のなかに出てくるいろんなアイディアはアクロバティックとも言えるもので、面白いのは面白い。もっとも、ノージックはあとになって、こうした立場は間違いだったと認めるようになったようです（その大きな理由は、教育の問題（第一五章7、コラム8）にあります）。日本の代表的なリバタリアン森村進の『自由はどこまで可能か』（講談社現代新書）は明快ですが、だいぶ現実路線を採っています。

一方、これに対立するリベラリズムの立場から税金について論じたものとして、マーフィーとネーゲルの『税と正義』（名古屋大学出版会）があります（面白くはないけど）。

5　愛について

●愛についてもやはり『ニコマコス倫理学』の議論が一つの典型です。でも私は、「あなたは愛というものが分かってないのよ！」と彼女に言われて、「いやそんなことない、僕はちゃんとアリストテレスで勉強した」と言って、「サイテー！」と言われた男を知っています。みなさんも気をつけましょう。

特に現代では、愛について論じにくくなっているという感じがあります。現代の正義論というのはたくさんありますが、恋愛論は腐るほどあっても、愛についてちゃんと議論したものはすぐに上がってこないように思えます。そうなったのは、一つには、われわれが「愛」というものを「個人の感情、気持ち」としてとらえるようになっているからだと思います。一つだけ紹介しておくと、フランスの哲学者マリオンが『エロティックな現象』という本を書いていて、この冒頭でやはり、哲学が愛について沈黙してきたことに触れています。邦訳はまだ出ていませんが、英訳があります（Jean-Luc Marion, *The Erotic Phenomenon*, 2007, The University of Chicago Press）。

●われわれは正義と愛を対《つい》で考えてきましたが、ケア（コラム7）と正義を対に考える人もいます。専門的ですが、品川哲彦『正義と境を接するもの』（ナカニシヤ出版）が参考になります。ケアそのものについては、メイヤロフ『ケアの本質』（ゆみる出版）が基本図書。

6　哲学史について

●哲学史を一冊でというのなら、岩崎武雄『西洋哲学史』（有斐閣）かな（古いけどいい本）。詳しくは、コプルストンの哲学史（あちこちの出版社）か『哲学の歴史』全一二巻（中央公論新社）。『哲学するのになぜ哲学史を学ぶのか』（京都大学学術出版会）なんていう本もあります。

●時代順ではなく、テーマに沿った哲学史もあります。例えば、天国と地獄の経済学（第一二章8）の箇所で参考にしたのは、山下正男『思想の中の数学的構造』（ちくま学芸文庫）ですが、これは哲学史から幅広く数学的な話題を拾ってきた、ユニークな本です。

●第一四章で出てきた『弁神論』は工作舎『ライプニッツ著作集』第六、七巻、ヴォルテール『カンディード』、ポープ『人間論』は岩波文庫、ルソーの「ヴォルテール氏への手紙」は『ルソー全集』（白水社）第五巻。『トリビアの泉』で露出狂として有名になったルソーは、実際かなり変な人です。自伝の『告白』（『ルソー全集』の他に、新潮文庫／岩波文庫など）なんて、爆笑ものです。

でもこの辺は、哲学の歴史に関心のない人には、あえて勧めようとは思いません。カントもほんとに偉い人で、日本語の全集も数種あってほとんどの著作が読めますが、はっきり言って難しいです。私も高校生の頃にカッコつけてカントの『道徳形而上学原論』（岩波文庫）という本を読み始めたのですが、一頁で挫折しました。でも、こうした古典は、自分の関心が本物なら得るところは大きいです。

●「無から有は生じない」（第一二章7）は古代ギリシャの哲学者たちが発見した原理で、哲学から科学へと受け継がれました。科学に影響を与えたからというだけではなく、古代の哲学者の言葉はとても面白い。断片的なものが多いですが、その分だけ謎めいていて。『ソクラテス以前哲学者断片集』全五冊（岩波書店）か『初期ギリシア自然哲学者断片集』全三巻（ちくま学芸文庫）でどうぞ。

【練習問題8：お気に入りの哲学者？】

この本では哲学者の学説紹介はほとんどしませんでしたが、特定の哲学者をマニアックに研究するのも、自分の哲学を作るためには、実はよい方法です。そして、そのなかから自分の関心が初めて分かってくる（はじめから自分の関心が、本当の意味で分かっているという人の方が、実は少ないかもしれないし）ということだってあるのです。

哲学は一つの世界観で、その人の考えが全部詰め込まれていますし、読む方にだって好みや関心がありますから、哲学書はいろいろに読むことができます（だから、一冊で長く楽しめる）けど、この本でやった方法を使って、その哲学者の中心にある概念に注目して読んでいくというのが王道です。

練習問題というほどではありませんが、みなさんもぜひお気に入りの哲学者を見つけてください。いわば、自分が四番打者に据えたい哲学者です。そうすると、そこから哲学の歴史も見当がついてきます。この哲学者を四番にするんなら、一番打者はこいつで、ＤＨはこれだ！　とかね。

私にとっては誰かって？　そりゃあ決まってるでしょう！

あとがき

知り合いのコンピュータ技術者によると、パソコンは「欠陥商品」だそうです。発達のスピードが早いので、いつでも見切り発車で発売されるというのです。それに、そもそも、何でもできると言えばそうだけど、何をするかも決まっていないし（つまり、コンテンツはパソコン本体とは別物）、何をするにもそのためのソフトウエアを入れてやらないといけない。なるほど。

でも、考えてみると、これはまさに人間も同じです。何をするか、何のために生きるかも決まっていないし、それが決まっても、どうやって達成したらいいかも分からない。でも、当然ながら、人間とコンピュータでは違います。コンピュータなら、使う人が使い道を決めて、そのためのソフトを入れてやります。人間の場合には？　そう、哲学することを通して、自分で目的を定めます。そして、その目的を達成するための方法をあれこれ、学校や周りの人たちから学ぶわけです。そうですね、ゲームのように、目的やルールが決まっていないからです。でも、人生はゲームとは違います。「人生の攻略本」なんてありません。あるとしたら自分で作るしかない。つまり哲学するしかない。目的がみんな同じではない、何を幸せに思うかが人によって違っていたりするからです。だから、人間同士がぶつかり合うことにもなる。そうならないように必要になるのが倫理でしたね。

哲学のやり方をずっと見てきましたが、一番難しいのは、最後に出てきたような未解決の問題、新しいテーマを見つけることかもしれません。つまり、われわれは出発点（関心を見つける）に戻ったわけですが、これは元に戻ったのではなくて、全く新しいスタート地点に着いたということなのです。この本はこれで終わりますが、みなさんの哲学（すること）はここから始まります。

しかし、みなさんがこの本で何かを学んだとしても、それをどう確かめることができるでしょう。実はそれは簡単。この本の内容に疑問を持ったり，不満を持ったりしていれば、それがみなさんの成長したしるしなのです！　もっとも、はじめから疑問を持っている人もいるかもしれませんけど……。いや、その場合でも、「どっか変だなあ」と漠然と感じている状態から、「ここが変！」とか、「こういう点が足りない」といったことをちゃんと指摘できるようになっていれば、それがオッケーということ、なわけです。

前に書いた本が難しいとの評判だったので、今回はもっとくだいてみました。いったん書き上げて生徒さんたち何人かに読んでもらったのですが、そうすると、「これって中学生用ですか？」とか言われました。これを悪口と思わず、「うん、やさしく書けたってことだな。よかったよかった」と思うのが私の良いところです。

というわけで、分かりやすいのは生徒さんたちのお墨つきなので、ぜひ多くの人に読んでもらえたらと思います。そして、できたらみなさんに使ってもらえたらと思います。自分で考えたこと、内容への賛成や反対、練習問題への答えなどをこの本に書き込んでください。本は自分で作るものなのです。使って汚してそうして本が自分のものになる（そうしたら古本屋にも売れなくなって私もうれしい（うひひ））。逆に、そうでないと、この本も完成しないからです（このままだと「欠陥商品」だとは言いたくないけど）。

原稿を読んでくださったみなさん、ありがとう！（特に、宮北君はレポート用紙数十枚のコメントを書いてくれました。感謝感謝）また、今回も萌書房の白石徳浩社長にお世話をかけました。お礼申し上げます。

二〇一三年二月　国分寺にて

平尾昌宏

■著者略歴

平尾昌宏（ひらお　まさひろ）

1965年　大津市に生まれる

1992年　立命館大学大学院文学研究科博士課程満期退学

現　在　佛教大学・大阪産業大学・立命館大学ほか非常勤講師

著　書

『自然概念の哲学的変遷』（共著：世界思想社，2003年），『シェリング自然哲学への誘い』（共著：晃洋書房，2004年），『哲学の眺望』（編著：晃洋書房，2009年），『哲学するための哲学入門――シェリング『自由論』を読む――』（単著：萌書房，2010年）ほか。

愛とか正義とか――手とり足とり！哲学・倫理学教室

2013年４月20日　初版第１刷発行
2023年５月10日　初版第７刷発行

著　者　平尾昌宏
発行者　白石徳浩
発行所　有限会社 萌《きざす》　書　房
〒630-1242　奈良市大柳生町3619-1
TEL（0742）93-2234 / FAX 93-2235
[URL] http://www3.kcn.ne.jp/~kizasu-s
振替　00940-7-53629

印刷·製本　共同印刷工業㈱・新生製本㈱

ISBN978-4-86065-075-9